Las enseñanzas de Saint Germain

Usando los cristales

Aprende a programarlos, cuidarlos y aprovecharlos para tu sanación

D1270662

Akari Berganzo

EL LIBRO MUERE CUANDO LO FOTOCOPIAN

Amigo lector:

La obra que tiene en sus manos es muy valiosa. Su autor vertió en ella conocimientos, experiencia y años de trabajo. El editor ha procurado dar una presentación digna de su contenido y pone su empeño y recursos para difundirla ampliamente, por medio de su red de comercialización.

Cuando usted fotocopia este libro o adquiere una copia "pirata" o fotocopia ilegal del mismo, el autor y editor no perciben lo que les permite recuperar la inversión que han realizado.

La reproducción no autorizada de obras protegidas por el derecho de autor desalienta la creatividad y limita la difusión de la cultura, además de ser un delito.

Si usted necesita un ejemplar del libro y no le es posible conseguirlo, escríbanos o llámenos. Lo atenderemos con gusto.

EDITORIAL PAX MÉXICO

Título de la obra: *Usando los cristales. Aprende a programarlos, cuidarlos y aprovecharlos para tu sanación*
Título de la colección: *Las enseñanzas de Saint Germain*

COORDINACIÓN EDITORIAL: Gilda Moreno Manzur
DIAGRAMACIÓN: Ivette Ordóñez P.

© 2015 Editorial Pax México, Librería Carlos Cesarman, S.A.
     Av. Cuauhtémoc 1430
     Col. Santa Cruz Atoyac
     México DF 03310
     Tel. 5605 7677
     Fax 5605 7600
     www.editorialpax.com

Primera edición
ISBN 978-607-9346-63-8
Reservados todos los derechos
Impreso en México / *Printed in Mexico*

Índice

Parte 1
¿Qué son?

Introducción

Desde tiempos remotos ha existido en todo planeta un fascinante mundo cristalino. Quienes lo conforman, esos cristales que nos maravillan, son capaces de sanar a toda la humanidad siempre que se los permitan.

Los cristales poseen la capacidad de erradicar malestares y enfermedades que puedan aquejarte, así como de atraer dinero, oportunidades, amor, sabiduría, evolución y depuración para tu propio ser, tu familia, tu hogar, tu ámbito laboral y tu vida entera.

Los seres cristalinos moran en todo el Sistema Solar, adaptándose a complejas condiciones de vida y aprendiendo a reinventarse desde nuevos fundamentos.

Si les abres las puertas de tu hogar, verás como gradualmente, con gratitud y bondad, esos seres sanarán todo tu entorno.

El poderío de los cristales es real. Tienen una enorme capacidad de transformar tu existencia, siempre y cuando creas en ellos, los ames y te familiarices con ellos.

La curación con cristales ha existido desde las antiguas civilizaciones, pero el paso del tiempo y el desarrollo de la medicina tradicional fueron relegando al olvido sus poderes y su uso. Aquí los analizaremos.

Pero aquí están, ofreciéndote grandes beneficios y la posibilidad de prestarte un servicio, pues por naturaleza su misión es ayudar al ser humano a alcanzar el bienestar y la sanación, así como a mejorar su calidad de vida.

Los cristales, que pueden considerarse seres vivos en términos metafísicos mas no antropológicos, centran su energía en su núcleo. Su inmaculada fuente de energía, al no sufrir alteraciones, lidia con las externas. Este cúmulo de energía, que posee una vibración superior a la humana, logra efectuar alteraciones energéticas que debilitan y destruyen las enfermedades, y cambian situaciones disfuncionales, relaciones imperfectas y actitudes erradas.

Todo ser cristalino está asociado con el nivel de pura luz, es decir el séptimo nivel de la energía universal que lleva hacia escalas de luz más altas y, por ende, está relacionado con la energía de Dios.

Son éstos los únicos seres metafísicamente vivos en el planeta Tierra representantes de estos niveles tan puros de luz y pueden considerarse como la respuesta de Dios ante las necesidades de la humanidad.

Elige tu cristal

La elección de qué seres cristalinos adquirirás tendrá que ser un proceso natural para ti, es decir, sólo deberán pasar a tus manos si son ellos los que te eligen, y lo hacen en función de:

◊ Tu vibración
◊ Tus carencias y necesidades
◊ Tus emociones
◊ Los problemas que te aquejan
◊ Tu proceso evolutivo
◊ Tu misión de vida y la función del propio cristal

¿Por qué adquirirlo?

Por lo general, los cristales se venden a precios elevados, por lo que conviene que analices por qué deseas comprarlos, es decir, si es porque te gusta o porque te propones usarlo para alcanzar tu sanación y evolución.

Si lo quieres por su belleza, su tamaño no importa, ya que no tendrá que trabajar en la mejora de tu existencia.

Si quieres utilizarlo con fines de sanación y desarrollo propios o ajenos, si quieres sanar enfermedades o dolores físicos o emocionales, o eliminar traumas de vidas anteriores o bloqueos económicos, emocionales o mentales, lo mejor será optar por cristales con un peso mínimo de 1 kilo, puesto que son los únicos capacitados para depurar grandes cantidades de negatividad, dolor y enfermedades sin sufrir daños ellos mismos.

Por ejemplo, nunca trabajes un cristal pequeño de bolsillo (de unos 4 x 4 cm) para intentar curar un cáncer. No sólo no lograrías el resultado anhelado, sino que el cristal jamás se recuperaría ni terminaría de transmutar toda la energía residual que ha absorbido.

Los cristales pueden sanar casi cualquier cosa, eliminar cualquier tipo de hechizo o mala intención y alejar todo tipo de peligros de su existencia física y espiritual. Para que logren efectuar su misión correctamente te recomiendo que les prodigues ciertos cuidados y aprendas qué se puede y no se puede lograr con cada uno de ellos.

Cada cristal trabaja aspectos diferentes pues tiene un campo vibratorio único. Esto explica el cambio de frecuencias vibratorias y la diferencia de resultados cuando se trabaja con dos cristales de la misma familia: cada uno combate el mismo problema en forma distinta.

Cristales maestros

Los cristales pasan por procesos evolutivos y por experiencias de aprendizaje durante su vida en el plano físico desde que éste fue creado por Gaia (la madre Tierra).

Los cristales maestros tardan siglos –900 años más que el tiempo de conformación de un cristal normal– para alcanzar el grado de pureza vibratoria necesaria para ser considerados como tales. El que tenga que transcurrir tanto tiempo para que un cristal se convierta en maestro explica por qué hay un número limitado de ellos en relación con otros. Muchos se encuentran en museos de minerales, colecciones privadas o bien efectuando trabajo personal con seres humanos que son almas viejas.

Estos cristales nacen de tamaño microscópico; muchos años tienen que pasar para que lleguen a tamaños mayores. Este margen de tiempo será variable en función de las condiciones químicas, la presión y el grado de temperatura del agua y la actividad de ciertos minerales en ella durante el tiempo de su gestación. De no darse estas condiciones, el cristal no se formará.

Los cristales maestros llegan a tu vida cuando consideran que estás listo para recibir sus enseñanzas. Se caracterizan por tener mayor vibración y fuerza y una evolución superior respecto a otros cristales. Tienen un campo de resonancia mayor y una mayor sabiduría, lo que los hace ideales para la sanación. Realizan una óptima labor de conexión de la energía del plano astral con el plano físico cuando éste está listo para recibir su enseñanza, así como de transmisión de un plano a otro de la inmensa sabiduría del universo, que sobrepasa incluso la imaginación.

Hay dos tipos de cristales maestros, los masculinos, con una energía muy fuerte e intermitente, y los femeninos, con una energía suave y constante. En su mayoría aparecen en amatistas, citrino, diamante y herkimer, aunque también en fluoritas o apofilitas.

Desde que un cristal maestro llega a su nuevo hogar, pone a trabajar su gran poder y él mismo determina el tiempo perfecto que requiere para trabajar con una persona, acompañarla e impartir sus enseñanzas.

Ahora bien, hay que tomar en cuenta que su alta vibración puede alterar o causar desconcierto y malestares a los seres humanos que no se encuentren en niveles altos de evolución. Debido a su temperamento más fuerte que el de otros cristales, no aceptan imposiciones de ningún tipo. Por ejemplo, si se pretende forzarlos a efectuar trabajos de baja vibración buscando lastimar a otro ser vivo, el cristal emite dos señales: la primera para programar una lección karmática a quien intente efectuar el mal a otro ser, de modo que llegue a él lo que desea lograr en el otro. La segunda es una señal aún más fuerte con la cual se activa en él un mecanismo de autodefensa mediante el cual se bloquea durante un tiempo indefinido, hasta que el ser humano haya evolucionado o, en su defecto, hasta que el cristal pueda continuar su trayecto de vida y pasar a manos de alguien más evolucionado.

Los cristales maestros gustan de vivir en condiciones óptimas que implican:

◊ Una purificación constante, sobre todo cuando se usan para sanación.
◊ Un espacio propio que deberá estar siempre limpio y ordenado.
◊ Amor y respeto constantes.
◊ Trabajo en compañía de mantras porque esto ayuda a mejorar aún más su labor.
◊ Trabajo con incienso, velas de colores claros o música de olas del mar.

Los cristales maestros son rígidos y difícilmente pasan por alto los errores evolutivos de la humanidad. Se ocultan de las miradas de las almas jóvenes o poco evolucionadas y prefieren trabajar con almas viejas, con las que logran su mejor desempeño. Por eso es difícil encontrarlos disponibles a la venta.

Formas y familias

El universo ha diversificado los cristales, tanto en el aspecto de las escalas vibratorias como en el de los beneficios particulares que ofrecen. Todo cristal posee la capacidad de sanar al ser humano, a un hermano animal o incluso a un árbol; para ello ha sido creado y programado, permítele sanar tu existencia y llevarte al desarrollo espiritual.

Son muchas las familias y los colores de los cristales; cada cristal tiene una vibración específica según la familia a la que pertenece y otra según su color. Asimismo, cada familia tiene una asociación determinada con los maestros ascendidos y seres de luz en el alto astral.

Los cristales verdes, por ejemplo, se asocian con Hilarión y trabajan mejor cuando se tratan aspectos vinculados con la evolución espiritual, la verdad, la superación de complejos y la culpa; estos cristales representan las fuerzas de la naturaleza.

Formas

Un cristal en su forma natural, sin pulir, puede ser cúbico, triangular, hexagonal, tetragonal, ortorrómbico, monoclínico y triclínico.

Familias

Los cristales pueden ser sólidos, líquidos, iónicos, covalentes, moleculares y metálicos.

Subfamilias

Minerales de hierro (oligisto, magnetita), cobre (calcopirita, azurita, malaquita), plomo (galena), zinc (blenda), aluminio (bauxita), estaño (casiterita), mercurio (cinabrio), azufre (pirita), oro (oro nativo), plata (argentita y plata nativa), carbono (diamante), arsénico (dimorfita), platino (iridio).

Tipologías

Elementos nativos, sulfuros, sulfosales, óxidos, haluros, carbonatos, nitratos, boratos, fosfatos, sulfatos, cromatos, silicatos, radioactivos.

Los minerales están compuestos por diferentes elementos químicos que forman una extensa variedad de cristales, los cuales son seres únicos e irrepetibles. ¡No hay dos cristales iguales!, incluso los pertenecientes a la misma familia tienen diferencias entre sí.

Los cristales nativos son el diamante, el grafito y el azufre, en tanto que los demás son resultado de la fusión de estos tres primarios con otros elementos, sulfatos, óxidos e hidróxidos, carbonatos, silicatos. El proceso natural de fosilización con la mezcla de agua y otros tantos elementos químicos hará del cristal un ser de mayor o menor dureza, de un color u otro y de un tamaño u otro.

La geometría sagrada, el universo y tu cristal

El universo es una réplica exacta de formas y de códigos numéricos, vibraciones compuestas e inteligencia. Un cristal –¡tu cristal!– se encuentra en algún lugar del universo, compartiendo un código numérico que se esconde en el interior de sus átomos.

Estos códigos siempre empiezan con el número 12,22,33 y terminan con el número 88,18,8, que crean patrones y características específicos cuando se complementan con una secuencia particular a la cual responde sólo el tipo de familia asociada con este cristal. Por el contrario, a la secuencia 12,22,33 con final 88,18,8 responde cualquier tipo de cristal, ya que ésta es común a todos ellos, sin importar si se trata de cristales espaciales o terrestres.

Sin embargo, la secuencia tendrá que ser recodificada gracias a unos patrones geométricos que deben trazarse directamente sobre el cristal para activarlo y así obtener todo su poderío.

El ser humano no ha sido capaz de utilizar constructivamente toda la información que el universo le ha ofrecido durante cientos de años. Es obligatorio restringir la capacidad de acción de cada ser cristalino para evitar que se le utilice buscando hacer el mal a otro ser vivo. Incluso los cristales maestros están programados en la Tierra a su mínima potencia como precaución ante la ignorancia evolutiva de la humanidad. Mientras el ser humano no desarrolle su ser hacia la luz, la humildad, el amor, la bondad, el perdón, y viva presa de su ignorancia evolutiva, este poderío permanecerá oculto. Por el momento no serán revelados los patrones que despiertan toda la fuerza de tu cristal.

Para trabajo terapéutico, bastará despertar una parte de tu cristal: tómalo en tus manos una vez que lo hayas purificado y repítele en voz alta:

Tú perteneces y respondes a tu inteligencia universal, la cual ahora reactivo bajo la frecuencia geométrica 13131298-96.

Su final de secuencia numérica será sólo decodificada secretamente por tu cristal, con lo que se impide que llegue al ser humano y se evitan fugas de información.

Los cristales decodifican las secuencias numéricas relacionadas con ellos en el universo, desde donde son dirigidas hacia el cristal que les corresponde. Esta secuencia numérica hace las veces de una cadena de ADN que recibe, mediante su decodificación, unos patrones geométricos asociados con su cuerpo físico, astral o mental, así como con su género, determinando si el cristal será masculino o femenino.

Posteriormente esta información se subdivide volviéndolo a decodificar en función del tipo de cristal (es decir carbono, silicato, etc.), de su tonalidad y de su grado de evolución, hasta obtener un patrón único e irrepetible que despierta el desarrollo total del cristal. Esta información es leída por todos los demás seres cristalinos que compartan su tipología: una fluorita puede leer la información perteneciente a otro tipo de fluorita, sin importar si es morada, verde o roja.

Todo cristal posee su propio libro de vida, el cual se encuentra en un tipo de templo sagrado derivado de los registros akáshicos, pero que pertenece únicamente a los seres cristalinos y cuya información sólo puede ser consultada por otro ser cristalino cuando se requiera de ella con motivos de sanación, protección, equilibrio o evolución.

La diferencia entre los registros akáshicos de la humanidad y los del mundo cristalino es que en los primeros el libro de vida de un ser humano sólo puede ser consultado por éste, salvo previo consentimiento cuando la información pueda afectar o sanar a un ser directamente vinculado con el primero y siempre que ambos soliciten dicho permiso al mismo tiempo. Por su parte, los libros de vida de los cristales son de consulta colectiva para todo ser cristalino que los necesite para generar bien sea su propia evolución o ayudar a la de otro ser vivo de cualquier familia. Una apofilita puede solicitar consultar la información del libro de cualquier calcita, fluorita, apofilita, rodocrosita, pirita, etc., cuando el propósito sea solucionar alguna problemática externa o apoyar la perfecta evolución de un hermano animal o un hermano ser humano. Incluso en algunos casos se les han asignado misiones de ayuda a plantas. Esta información les corresponde a todos los seres cristalinos y cada uno de ellos decide libremente si la solicita o no.

Un cristal será el portal que abre el conocimiento a todos los demás cristales que existen en cualquier confín del universo. Ellos se conectan entre sí de modo natural cual satélites espaciales, aunque mediante complejos sistemas de lectura vibratoria y decodificación de los patrones personales de cada tipo de ser cristalino.

La geometría sagrada brinda acceso a información a todo ser vivo en cualquier rincón del universo, pero son los seres cristalinos los que han trabajado mejor al optimizarla y utilizarla.

En el mundo cristalino, filamentos energéticos de geometría sagrada viajan y se desplazan de cristal a cristal dotándoles de una retroalimentación amplia y congruente que ha producido óptimos resultados en la cristaloterapia para la humanidad.

Los seres cristalinos responden a una programación numérica previa, compuesta entre diferentes secuencias numéricas, algunas asociadas con el universo y desconocidas para las personas, hasta que éstas demuestren que han cambiado sus patrones de conducta, pensamiento y sentimiento; algunas relacionadas directamente con la tipología del cristal y otras con la fecha de nacimiento del sujeto a quien se busca sanar. Los cristales deben purificarse tras efectuar una sanación.

Los cristales de colores claros pertenecen a la energía femenina, los de colores oscuros a la energía masculina y los translúcidos a la energía neutra.

Para trabajar de forma exitosa con la geometría sagrada basta solicitar la presencia del maestro Tandaranel, quien programará cada cristal. Éste es la representación energética, es decir no física ni ascendida, que comprende a toda una comunidad de seres energéticos que moran en el interior de un cristal. Sólo podrás solicitarle ayuda para programar cristales y para trabajar en la luz con ellos. De lo contrario, este ser no activará ni se presentará a programar ningún otro elemento. Ahora bien, si se pretende programar un cristal con fines egoístas, destructivos o lascivos para otro ser, el cristal será desprogramado definitivamente y el ser se hará merecedor de una sanción karmática durante esta vida y durante cien vidas más.

En sueños puedes solicitar los diagramas específicos relacionados con la geometría sagrada que mejor respondan a las necesidades particulares por sanar. Para trabajar con ellos, dibújalos sobre un papel y añade tu fotografía, nombre y fecha de nacimiento, colocando encima de los diagramas los cristales de los colores y en el orden en el que aparecieron en tu sueño o bien en una meditación.

Minerales tóxicos

Si un cristal es tóxico, evita correr riesgos y no lo adquieras. Si por alguna razón vas a trabajar con este grupo de cristales, la mejor forma de hacerlo es conseguir una fotografía de éstos, imprimirla a color en una imagen tamaño carta, visualizar la imagen y pedirle astralmente a la representación de dicho cristal que éste y su energía sanadora y evolutiva vengan a sanar los aspectos imperfectos en tu vida. De esta manera podrás trabajar con ellos sin correr riesgo alguno.

Los cristales y minerales de la lista siguiente son tóxicos, algunos de ellos mortíferos. Mi recomendación personal es no adquirir estos minerales, sobre todo en caso de tener niños y animalitos en casa. Si ya te decidiste a adquirir alguno, es de suma importancia mantenerlo aislado en un recipiente herméticamente cerrado y fuera del alcance de niños y mascotas.

Cristales que desprenden partículas que pueden dañar los pulmones

Adamita	Farmacolita
Annabergita	Guerinita
Arsenolita (puede causar la muerte)	Haidingerita
	Halita
Arsenopirita al agua (produce arsénico en el agua)	Hoernesita
	Mcnearita
Baritina	Picrofarmacolita
Bindehimita	Rauenthalita
Burkowskita	Senarmontita
Calcantita	Silvina
Carnalita	Skutterudita (contiene partículas de arsénico o arseniuro de cobalto)
Cervantita	
Claudetita (puede causar la muerte)	
	Villiaumita color rosa (muy venenosa)
Eritrina	
Escoradita	Weilita
Estibiconita	Witherita

Minerales que pueden producir cáncer

◊ Antimonita
(pariente químico próximo del arsénico)
(los minerales que se conforman de arseno
tienen implícita una presencia de arsénico)
◊ Asbesto azul
(conocido como crocidolita)
◊ Magnesioriebeckita
(asociado con algunos cuarzos azules de
ofitas)
◊ Rejalgar
(a la luz produce óxido de arsénico)
◊ Serpentina

Antes de adquirir un mineral, te recomiendo investigar si los compuestos químicos que lo conforman son tóxicos. No te concentres en adquirir minerales tóxicos radioactivos o cancerígenos, enfócate en trabajar con cristales no tóxicos que ofrecen grandes beneficios.

Bríndale la oportunidad a los cristales de mejorar tu salud, tus emociones, tu estado mental, de ayudarte a encontrar el eje de su vida, así como a solucionar los problemas cotidianos.

¿Cómo detectar cuando un cristal está agotado?

Los cristales se expresan. A simple vista sabrás cuándo están agotados, pues han perdido su transparencia natural, se ven opacos, y al tocarlos descubrirás que se sienten más pesados. También su temperatura natural mostrará cambios, será más alta o más baja de lo habitual.

Algunos requieren de mayores procesos de purificación por ser de lenta depuración energética. Siempre me refiero a los minerales y a la resina (ámbar) como seres cristalinos, ya que a nivel vibratorio y de servicio trabajan exactamente igual a los minerales. Lo mismo ocurre con la madera fosilizada pero que posee las mismas capacidades energéticas de un mineral.

Por último, todo ser cristalino es valioso y debe ser respetado. La ayuda de los cristales en tu vida como ser humano es infinita, pero requiere que seas responsable al adquirirlo, al utilizarlo, al manipularlo. No lo dejes al alcance de los niños o de los hermanos animales ya que no es un juguete, es un ser vivo y poderoso en términos energéticos. Por consiguiente, es importante utilizarlos con amor, bondad, inteligencia y precaución.

Parte 2

¿Para qué sirven?

Cristales que no deben faltar en tu hogar y sus propiedades

Los cristales llegan a tu vida con una misión de amor y sanación. Por supuesto, es imposible obtener todos los cristales que existen en nuestro planeta: algunos son escasos; otros no son conocidos; otros tantos son tóxicos, radioactivos o cancerígenos, unos más tienen un costo elevado. Todos estos factores impiden que un coleccionista de minerales logre tener una completa colección de éstos; más bien, lo conveniente es que se centre en tener los no tóxicos.

Cristales para sanación

A continuación podrás conocer con detalle los cristales que te ofrecen sanación, evolución, amor y dinero, y resultan indispensables en tu hogar.

Amatista: es responsable de la transmutación. Transforma energía negativa en luz y amor universal. Ayuda a combatir adicciones y terminar con éstas, es depurativa por excelencia. Apoya para retomar la vida cotidiana tras sufrir pérdidas por la muerte de seres queridos. Cambia situaciones, sentimientos y enfermedades convirtiéndolas en oportunidades, amor y salud. Facilita la meditación y desarrolla el autocontrol y la espiritualidad. Combate el insomnio y el miedo.

Mejora el desempeño del sistema inmunológico y del sistema endocrino. Elimina emociones y pensamientos negativos. Atrae la buena suerte en el amor y minimiza los efectos karmáticos en este contexto. Facilita partos complicados. Alivia los dolores de gota. Ayuda a combatir los efectos del alcohol. Combate dolores de cabeza, musculares y migrañas. Infunde energía y esperanzas para luchar contra enfermedades delicadas. Ayuda a recibir mensajes durante el sueño y facilita la expresión de los sentimientos más puros. Ayuda a atraer amistades sinceras y constructivas. Aleja a los malhechores. Combate trastornos de las glándulas y reduce los malestares asociados con el embarazo y el periodo menstrual. Ayuda a perder peso bajo programación específica: toma al cristal en tus manos y pídele que te ayude a perder peso rápidamente y sin sufrir rebote. Trabaja con él cada día hasta lograr el resultado anhelado. Posteriormente, agradécele, desprográmalo y límpialo para que pueda recibir una nueva programación.

Lapislázuli: trabaja el proceso de pensamiento y se asocia con el intelecto, mejorando la agudeza mental y la percepción. Es protector por naturaleza: quienes viven en entornos agresivos, se ven obligados a salir a la calle a altas horas de la noche o trabajan en zonas con altos índices de delincuencia, deberán llevar consigo siempre un cristal de lapislázuli. Infunde paz, fuerza espiritual y energía para afrontar la vida diaria. Desarrolla la fuerza de voluntad. Refuerza los vínculos de amor en las parejas. Desarrolla clarividencia. Termina con bloqueos energéticos presentes en negocios, personas u hogares. Elimina estados de enojo, fomenta la creatividad, y atrae fama y fortuna. Óptimo regenerador cerebral, prolonga la vida de las células cerebrales. Mejora el proceso de cicatrización de heridas cutáneas. Clarifica pensamientos y favorece la toma de decisiones. Ayuda a las personas que tienen que hablar en público y trae armonía. Purifica el aura y mejora la comunicación. Revela y defiende la verdad, orillando al ser a conducirse y hablar haciendo uso de ella, y a hacerle frente. Aporta las cualidades de honestidad y compasión. Estimula la objetividad, claridad y creatividad, e inspira confianza. Estrecha las relaciones, ayudando en la expresión de sentimientos y emociones. Curativo y depurativo, alivia dolor de cabeza y migrañas. Limpia órganos y mejora el funcionamiento del timo y del sistema inmunológico. Combate heridas emocionales. Baja la presión sanguínea, previene la formación de coágulos, y combate insomnio y vértigo. Combate la anemia y la epilepsia. Descongestiona la garganta y disminuye la presión arterial.

Cristal de roca: ayuda a prevenir y detectar enfermedades, sobre todo las relacionadas con órganos internos, facilitando sueños premonitorios al ser que la padece; de esta forma le señala la imperiosa necesidad de acudir al médico. Combate vértigo, náuseas, diarrea y hemorragias, mejora el sistema nervioso, elimina la fiebre y el dolor. Aporta energía extra e incrementa niveles vibratorios. Limpia y equilibra los chakras, erradica bloqueos energéticos y termina con trastornos emocionales. Desarrolla la paciencia, aclara el pensamiento y combate las limitantes mentales. Elimina las creencias falsas que obstruyen el perfecto desarrollo del ser.

Herkimer: es el mago de los cambios, los cuales fomenta. Induce la reconexión espiritual del ser con su alma. Reduce tensiones y trabaja combatiendo el insomnio y la depresión. Aporta claridad de ideas e infunde alegría por la vida. Es un poderoso aliado para terminar con intenciones suicidas. Responde a preguntas existenciales mediante sueños o premoniciones. Produce desapego de las cosas materiales, aunque si se usa regularmente mejora la economía. Desarrolla la capacidad de ambos hemisferios cerebrales. Desarrolla altruismo. Ayuda a recordar los puntos fuertes de existencias pasadas, los errores cometidos en ellas y la lección karmática que le aportaron para evitar caer en ellos en el presente. Hace florecer los talentos naturales del ser presentes en otras vidas, reactivándolos para ser utilizados durante la existencia actual.

Cuarzo rosa: reafirma las relaciones sentimentales cuando son constructivas y auténticas para ambos seres; de lo contrario, las termina en los mejores términos abriendo oportunidades para alcanzar mejores relaciones. Aporta bienestar. Promueve el amor en quien lo posee y en sus seres próximos, y puede también generarlo, bajo programación, en desconocidos. Otorga paz y amor a la existencia del ser ayudándolo a reconectarse con ellos gracias a la frecuencia vibratoria del cuarzo rosa. Termina con la angustia. Sana el desamor, el complejo de culpa y el ego excesivo. Infunde calma, termina con conflictos emocionales y conductas autodestructivas. Desarrolla y fortalece el carácter.

Cuarzo citrino: protector por excelencia, ayuda a los adultos mayores, por quienes expresa natural ternura e incluso llega a sobreprotegerlos. Desarrolla la capacidad cerebral, por lo que se recomienda para niños con problemas de aprendizaje, problemas cerebrales, autismo. Aporta claridad mental, desarrolla el pensamiento constructivo, estimula la creatividad y facilita el estudio. Ayuda a definir intereses de formación profesional y la carrera adecuada, al mostrar claramente las aptitudes y áreas de oportunidad laboral. Induce alegría de vivir. Aporta prosperidad económica y atrae el éxito en los proyectos.

Cuarzo rutilado: este amigo otorga fortaleza física. Muy útil ante estados de agotamiento físico o en casos de bulimia, anorexia o depresiones prolongadas, cuando el cuerpo físico ya no tiene reservas energéticas. Fortifica el sistema inmunológico, previene y combate depresiones y retarda el envejecimiento. Ayuda a combatir la enfermedad, al permitir al organismo centrarse en la recuperación y no en la producción de energía, la cual será inyectada por el cristal. Transmuta enfermedades desapareciéndolas del cuerpo humano y restaurando la salud en las partes afectadas. Ahora bien, el cristal soluciona en parte la enfermedad, pero la sanación no resultará exitosa si el ser no ha recibido el tratamiento correcto, si se detecta la situación cuando ya es demasiado tarde o si quien la padece ya decidió dejarse morir. Reafirma los pensamientos positivos, activa la intuición y la clarividencia. Combate el miedo y el estrés.

Aguamarina: altamente relajante. Con su coqueta y suave energía, invita a dejarse fluir ante situaciones complejas o adversas. Infunde paz y calma ante problemas laborales en ambientes cargados, ayudando al ser a mantenerse tranquilo a pesar de las presiones e injusticias que pueda afrontar. Equilibra al ser en todos sus cuerpos, físico, mental y espiritual. Fortalece el sistema nervioso. Útil para combatir dolores cervicales y la anemia. Combate el alcoholismo. Fortalece el hígado y otros órganos, trabaja con los riñones y el bazo. Mejora la calidad de vida de los diabéticos, al acelerar el trabajo depurativo de su organismo. Combate la retención de líquidos y de residuos dañinos al organismo. Ayuda a optimizar la regulación de la glucosa, equilibra el sistema linfático y hormonal. Aporta claridad sobre los asuntos.

Piedra de luna: depura toxinas de la sangre. Colgada al cuello ayuda a combatir problemas respiratorios y pulmonares, gripe, laringitis, faringitis y amigdalitis. Combate fiebre, mareos y úlceras. Recomendable para mujeres embarazadas. Mejora el funcionamiento del aparato digestivo, hígado y páncreas. Fomenta el diálogo logrando negociaciones justas y exitosas para ambas partes. Combate la inestabilidad emocional y logra relaciones sólidas cuando hay amor sincero y libre de egoísmo entre la pareja. Útil para tranquilizar a niños hiperactivos. Atrae la serenidad emocional y espiritual. Combate la conmoción ante tragedias, accidentes o traiciones, situaciones que ayuda a superar prontamente y sin generar rencores u odios.

Pirita: trabaja los aspectos materiales en la vida del ser que la posee; infunde confianza en sus proyectos y sus capacidades, impulsándole a desarrollar sus ambiciones económicas bajo marcos constructivos. Ayuda a atraer dinero y abundancia de forma constante. Mientras no se pierda la humildad, la pirita continuará atrayendo más y más dinero, y ayuda a que éste no se le vaya entre las manos al ser que la posee. Para este fin debe estar situada en el interior del monedero o bolso de mano, o colocada sobre la cartera o chequera, billetes, documentos bancarios o facturas por cobrar. Muy útil para tener en la oficina, en los negocios o en los proyectos por emprender. Combate exitosamente a los vampiros energéticos, es decir, las personas que, tras pasar unos minutos al lado de otros seres humanos, les roban la energía y ocasionan una fuga de ésta. Elimina sentimientos relacionados con la falta de seguridad en uno mismo y mejora la autoestima.

Jade: atrae el amor a la vida del ser y lo mantiene en óptimas condiciones cuando éste está destinado a la persona. De lo contrario, ayuda a que la relación se desarrolle durante el tiempo debido y resulte constructiva y de aprendizaje para ambos seres; tras terminar, bendice a cada uno en su nuevo trayecto de vida. Induce longevidad y desarrolla sabiduría. Atrae dinero y prosperidad. Ayuda a conectarse con el yo superior. Produce sanación de problemas relacionados con la salud física: trabaja con la glándula suprarrenal, elimina toxinas, ayuda a la regeneración cutánea de los puntos de sutura tras una operación, con el uso constante alcaliniza el cuerpo reduciendo sus niveles ácidos, previene y combate el cáncer. En tales casos el paciente, además de utilizar diariamente el jade, deberá seguir su tratamiento médico.

Turmalina negra: usada con cuidado, sirve para evitar bloqueos energéticos o pleitos inútiles. Protectora, es muy aconsejable para personas sensibles y receptivas. Limpia la energía en lugares de baja vibración, como reclusorios, hospitales, sistemas de transporte colectivo, oficinas de policía y oficinas en general. Elimina miedos, angustia, depresión y celos. Útil para lograr una pronta cicatrización en heridas menores y para ver la realidad escondida en situaciones poco claras y en las personas. Ayuda a lograr la meditación. Protege de la radiación de los celulares cuando se lleva sobre la parte izquierda del cuerpo, aunque no todo el tiempo. Es importante utilizarla junto con un cuarzo rosa para evitar pleitos y la gestación de bloqueos energéticos. Jamás debe dejarse en habitaciones de infantes.

Kunzita: trabaja la inocencia perdida de la infancia, haciéndola resurgir en los adultos con una visión refrescante de sí mismos. Les ayuda a olvidar sus preocupaciones por aspectos económicos. Combate la desconfianza surgida después de ser estafado o traicionado. Ayuda a albergar y transmitir amor y pensamientos de bondad, así como a purificar la totalidad del ser en los niveles físico, mental y emocional. Combate el desamor, la tristeza, el miedo. Elimina el dolor asociado a vidas pasadas y hechos que marcaron negativamente la vida presente. Genera apertura a nuevos ciclos de vida, los cuales bendice para que resulten positivos y trabaja una evolución espiritual constante.

Apofilita: sanadora por excelencia, elimina traumas y combate celos, rabia, desamor e inseguridad. Sana memorias celulares imperfectas relacionadas con otras vidas, eliminando karma. Combate la ansiedad, preocupaciones, miedo, angustias y presiones internas y externas. Depura sentimientos imperfectos, mejora la comunicación entre el cuerpo, la mente y el espíritu, y aclara las ideas. Sana el apego a los bienes materiales y a las personas. Ayuda a conectarse con los registros akáshicos para entender el porqué de las relaciones karmáticas y qué cambios hay que efectuar para sanar y terminar con ellas. Limpia la resonancia en quienes han pasado largos periodos en hospitales o reclusorios, o afrontando problemas o depresión con varios meses de duración. Sana la resonancia de los objetos antiguos, casas o automóviles donde se hayan suscitado accidentes.

Malaquita: combate las emociones alteradas. Mejora los ingresos y las ventas cuando se coloca sobre algún objeto clave representante del negocio por periodos de tiempo prolongados. Combate la migraña y dolores de cabeza al ser colocada sobre la zona afectada. Mejora la visión, corrigiendo problemas como inflamación de ojos e infecciones oculares ligeras (sobre un algodón que será el que entre en contacto directo con la piel de los párpados, coloca dos pequeñas malaquitas superpuestas durante 15 minutos diarios mientras dure la infección). Mejora el trabajo del sistema digestivo y, bajo programación, ayuda a adelgazar o a combatir la hinchazón del vientre por retención de líquidos (déjala reposar directamente sobre el estómago durante 20 minutos al día). Mejora el sistema circulatorio y, programándola con tus propias palabras, combate várices (con suavidad frota directamente la malaquita sobre el área de la piel que las presenta y aplica un producto específico para este problema). Alivia dolores musculares, y síntomas premenstruales. Colgada al cuello cerca del corazón, atrae el amor, ayuda a expresar los propios sentimientos sin miedo a las personas que son muy mentales.

Cristales maestros: cómo son y para qué nos ayudan

La llegada a tu vida de un cristal maestro cambiará tu realidad y tu ideología respecto al maravilloso mundo cristalino que se relaciona con el ser humano.

Dow: Conformado por siete caras. Tiene la capacidad de transmitir energía desde el plano físico hasta el plano astral. Es receptor de energía del alto astral al plano físico y, al mismo tiempo, es un comodín entre los cristales maestros. Ayuda a desarrollar la comprensión y elevar la conciencia. Sana el dolor. Este cristal de tipo doble es canalizador y transmisor. Uno de los más evolucionados, es difícil de encontrar. Previa programación por el ser humano que lo posee, es útil en todos los aspectos trabajados por todos los cristales maestros. Ayuda a terminar con lo que frena la evolución espiritual: falsas amistades, relaciones destructivas y adicciones. Otorga inteligencia para manejar las relaciones personales y laborales.

Isis: debido a su energía femenina, brinda mejores resultados cuando una mujer trabaja con él o se busca conectarse con esta energía. Vincula al hombre con la comprensión y aceptación de su lado femenino y otorga a la mujer mayor fuerza para recargar su propia energía tras sufrir exceso de estrés, enfermedades, depresiones o agotamiento físico producto de insomnio. Ayuda a desarrollar la reflexión e induce la calma. Evita la caída en excesos y estallidos temperamentales. Útil para personas de alto rango jerárquico en una empresa difícil por la carga de exigencias en resultados. Ayuda a mantener la cabeza fría y el corazón neutral en situaciones que requieren tomar decisiones de modo inmediato y arriesgado sin perder la calma.

Archivador: dibuja en una de sus caras un triángulo con el vértice hacia la punta del cuarzo.

Es su característica, además de los muchos triángulos de formación natural que se dibujan en su interior. Tiene la misión de transmitir sabiduría a los discípulos que elige para ofrecerla. Entregado a la labor de enseñanza, responde preguntas y brinda mensajes mediante meditación o sueños programados. Trabaja temas de regresiones o relacionadas con los registros akáshicos. Ofrece información sobre el ser y sus relaciones en vidas pasadas, siempre y cuando en la actualidad esta alma se encuentre nuevamente en contacto con aquella conocida en una vida anterior; de lo contrario, sólo reduce el karma asociado con situaciones pasadas.

Tántrico: tiene dos puntas idénticas fusionadas en una sola base. Indicado para trabajar canalizaciones. Ayuda a canalizar sentimientos hasta equilibrarlos. Útil para afrontar crisis emocionales y ayudar a sanar, perdonar y mejorar las relaciones de pareja. Tiene dos corrientes energéticas, femenina y masculina, y se asocia con una relación de pareja. Óptimo para ser programado para proporcionar protección y crecimiento en la pareja. Se recomienda que los recién casados lo mantengan cerca de su cama para apoyar en el proceso de adaptación y evitar conflictos por detalles insignificantes.

Canalizador: termina en siete caras en la punta, con una inclinación hacia uno de sus lados. Una de sus caras es más larga en tanto que otra es más corta. Desarrolla el autoconocimiento. Induce el crecimiento espiritual y ayuda a entrar en contacto con guías de luz, arcángeles, ángeles, maestros ascendidos, gracias y virtudes. Sólo puede ser utilizado por personas muy puras de corazón y muy evolucionadas; de lo contrario, únicamente conectaría con seres del bajo astral cuando la vibración de éstos fuera baja, con lo que le generarían infinidad de problemas, frenarían su evolución espiritual y recalcarían defectos que serían potenciados.

Generador: su estructura física está conformada por seis lados iguales. Este cristal ayuda a transmitir una idea a un grupo. Apoya a personas que tienen que hablar en público, por lo que se recomienda tener uno presente en juntas directivas, debates o discursos. Ayuda a potencializar las fuerzas de venta y en reuniones de trabajo. Genera unidad y respeto entre todos los miembros del grupo enfocando asertivamente las fuerzas del equipo hacia una misma directiva u objetivo. Resulta útil para llevar a cabo meditaciones, viajes a registros akáshicos y para entrar en contacto con otras dimensiones astrales. Consume una buena dosis energética del ser, por lo que no es aconsejable utilizarlo durante el embarazo, la lactancia o cuando se sufre de agotamiento o enfermedades.

Ventana: se caracteriza porque una o varias de sus caras tiene forma de diamante en pequeño (los cristales maestros suelen presentar esta forma en la parte baja de las uniones de sus caras. Su tamaño varía, pero no llega a ser tan grande como las caras). Ayuda a conciliar el sueño con profundidad. Es un poderoso aliado para combatir depresiones y estados de agotamiento mental o físico. Se aconseja para personas con pesadas cargas de trabajo o estudio que se ven obligadas a dormir pocas horas, ayudándoles a que esas horas de sueño sean altamente reparadoras para el organismo.

Viajero: cristal de dos puntas con base común, una de las cuales se dirige al cielo y otra al suelo, formando un ángulo de 90°. Trabaja en la comprensión y sanación de eventos relacionados con el pasado que resultaron traumáticos en la temprana infancia o durante vidas anteriores. Sana secuelas de estas situaciones desde la raíz; es decir, se reconecta astralmente con el mismo instante donde se gestaron sanando el dolor antes de que su onda expansiva atrape el corazón del ser. Esto es posible ya que lo trabaja desde su origen mediante los registros akáshicos. Fomenta los viajes internacionales cuando se le solicita previa programación.

Conector izquierdo: de forma rectangular con una unión de dos caras que crecen hacia el lado izquierdo. Buenos para tratar asuntos asociados con el pasado, entender éste y olvidarlo. Vinculado con cambios, aparece en la vida de un ser para avisarle anticipadamente que su existencia y su entorno sufrirán cambios necesarios para producir un despertar espiritual. Ayuda a fluir mejor ante los cambios, permitiendo observar la situación desde otro ángulo menos personal y encontrando mejores alternativas para salir adelante de la situación. Útil para encontrar soluciones a los problemas cotidianos y sanar la relación con la figura paterna cuando no ha sido la idónea.

Los cristales conectores son responsables de cambiar la realidad del ser y su entorno. Muy útiles en las regresiones cuando se busca sanar al niño interior por traumas infantiles o sanar una etapa específica de su edad adulta, cuando se busca sanar vidas pasadas. Ayudan a desarrollar el autoconocimiento en la vida del ser humano y abren el intelecto. Óptimos para personas que se buscan a sí mismas. Sin importar el nivel de evolución de cada ser, estos cristales trabajan para lograr una mayor evolución en los seres que los poseen.

Conector derecho: rectangular con una unión de dos caras en el lado derecho. Trabaja proyectos a futuro que aún no están claros y se encuentran en la etapa de desarrollo y no de crecimiento. Apoya en los conflictos con la figura materna o las figuras femeninas de poder; recomendable en la oficina cuando se tienen problemas con la figura de un superior, siempre que éste sea mujer. Ayuda a concretar proyectos de forma exitosa, si no se sufre de ego o soberbia; de lo contrario, ofrecerá lecciones de aprendizaje relacionadas con el ego. Apela a la justicia en toda situación y ayuda a salir de los patrones de victimización.

Catedral: presenta una figura central que es más alta y a su alrededor, otras tantas más chicas. Almacena secretos del universo. Muy útil en terapias y para trabajar en la sanación familiar y social. Ayuda a personas con problemas de concentración o problemas mentales, al guiarlas para conectarse con la realidad. Cuando el hogar está conformado por una familia, equilibra y mejora su comunicación y respeto mutuo. Fomenta la claridad de pensamiento.

Guardián de la Tierra: enormes cristales de selenita descubiertos en los años 1980 en el norte de Brasil. En México existen en la Cueva de Naica, en Chihuahua. Directamente asociados con el planeta Tierra, estos inmensos cristales que pesan toneladas se encuentran en su interior a temperaturas entre 45° y 50°. Estas temperaturas y el filo de los cristales hacen de la cueva un sitio inhóspito peligroso para ser visitado. Poseen un grandísimo poderío energético, son sumamente antiguos y poseen memoria celular desde su formación hasta nuestros días. Se dice que estos cristales y los de Lemuria fueron programados con simbología secreta asociada con la luz para poder reactivarse y depurarse a sí mismos. Su función es estabilizar y depurar energías residuales que el ser humano produce.

Biterminado: tiene dos puntas, seis caras y dos vértices. De gran nobleza y paciencia para enseñar a sus discípulos, posee un temperamento más relajado en relación con otros cristales. Ofrece sus mejores capacidades si se trabaja con él entre las 10 a.m. y las 12:30 p.m. Gusta de ser recargado al sol. Ayuda a inducir profundos estados de meditación y desarrollo telepático, fortaleciendo la comunicación mental entre madres e hijos. Trabaja directamente con ondas cerebrales, las cuales depura. Elimina autosabotajes y pensamientos negativos, los cuales minimiza hasta lograr erradicarlos del proceso de pensamiento. Trabaja en fomentar la generación de pensamientos constructivos que conducen al éxito.

Autocurado: tiene un proceso de regeneración similar al de la piel de las rodillas (la piel que crece tras caer la costra de sangre presenta un borde y líneas que se unen a las anteriores viéndose sobrepuestas). Encierra el proceso de autocuración ante heridas emocionales muy arraigadas y enseña que a pesar de éstas siempre es posible sanar y seguir adelante. Trabaja el rejuvenecimiento del aspecto físico y de los órganos internos. Induce la inspiración eficaz para ayudar en sus labores a diseñadores, escritores, pintores, escultores y cineastas. Salvo que considere lo contrario, únicamente permanece de dos a tres años en la vida de un ser. Es de acción rápida y al trabajar con él obtendrás resultados muy pronto.

Tabular: presenta laterales muy largos que terminan en puntas achatadas. Se especializa en acabar con conflictos y malos entendidos, encontrando el punto donde la información se transmitió de forma errada y dio lugar al conflicto. Facilita el entendimiento y mejora la comunicación. Difícil de encontrar, es uno de los cristales más poderosos como instrumento de comunicación con otras dimensiones. Desarrolla la telepatía entre seres alejados físicamente. Equilibra las energías y se recomienda para la meditación y terapias. Suele ser un poco reservado, gusta de trabajar en soledad y no requiere apoyo de otros cristales para lograr resultados. Ofrece estupendos resultados en las misiones que le han sido encomendadas.

Arco iris: incoloro, tiene en su interior una refracción de luz que al exponerse a la luz solar, dibuja en su interior un arco iris con sus colores.

Muy propicio para trabajar en meditación. Bajo programación, puede depurar una situación o espacios, limpiándolos de energías residuales que estaban atrapadas sin haber podido ser depuradas. Combate la depresión y la tristeza induciendo alegría. Idóneo para trabajar con mujeres embarazadas y niños pequeños, siempre con supervisión de un adulto. No requiere una programación diaria, pues sabe exactamente qué hacer para resolver situaciones conflictivas. Ofrece sus mejores resultados cuando se le lava con una mezcla de agua mineral, hierbabuena y mejorana.

Fantasma: tiene concentraciones que forman neblina, cual sombras idénticas a la forma de la punta, pero visibles en el interior del cristal. Sus crecimientos internos de otro mineral diferente del cuerpo global, que asemejan pirámides, dan el efecto de haber crecido en su interior unos encima de otros. En este caso, primero se formó el cristal y después la neblina dibujada. Otros tienen burbujas de otro material. Es buen inductor de la información asociada al Karma, al Dharma y a vidas anteriores.

Búdico: asociado con Lemuria, presenta en una de sus caras un triángulo perfectamente trazado de modo natural. Tiene estrías en sus líneas de crecimiento similares a las vetas de los árboles, pero de forma lineal y no irregular. Promueve la expansión y comunica información que guarda en su interior desde los tiempos remotos de Lemuria. Produce aperturas a otras dimensiones y hay que tratarlo con sumo respeto. Ayuda a encontrar el propio sendero religioso cuando la persona tiene dudas sobre su religión.

Cristal y bebé: cristal grande en el cual nace otro cristal, en algunas ocasiones tan pequeño que para verlo se requiere de lupa. Especialista en trabajar la sanación emocional y mental de personas que han vivido una infancia difícil y traumática, bien sea por adicciones o maltrato físico o psicológico. Muy bueno para sanar memorias celulares imperfectas.

Racimo: diferentes cristales que crecieron desde una sola base y dirigen sus puntas a lo alto, al lado derecho y al lado izquierdo. El cristal trabaja por sí mismo y al colocarlo en algún ambiente, lo purifica sin necesidad de hacer nada. Especializado en limpiar ambientes contaminados de energía residual, como oficinas, automóviles, casas, escuelas, bancos, hospitales. Trabaja en conjunto y en grandes espacios; cuanto mayor sea el espacio por purificar, más rápido trabajará y mejores resultados se obtendrán. Trabaja bien con energías mixtas y complejas, donde expresa sus mejores cualidades de limpieza y depuración energética.

Atlante: en bruto tiene forma de varita, similar a un obelisco con dos puntas, una mirando al cielo y otra mirando a la tierra. La unión de ambas puntas, a la mitad de su cuerpo, es más ancha y se va adelgazando conforme se aproxima a las dos puntas. Este cristal se depura por sí mismo gracias a su doble punta. Se le asocia con la Atlántida, época en la que presentaba mayores cualidades energéticas y capacidad de generar autotransportación y desmaterialización. Cristal mágico, actualmente está desprogramado por medidas de seguridad tanto para él mismo como para la humanidad. Uno de los más poderosos, transmuta energía cien veces más rápido que otros. Actúa en silencio, emitiendo sus conocimientos mediante la no acción, permitiendo que la reflexión sea la responsable de transmitir la lección. Promueve el desarrollo de las cualidades psíquicas y la meditación. Aclara el pensamiento.

Sirio: con formas triangulares, conecta con el universo y la sabiduría de información presente en él. Abre el portal a otras dimensiones y niveles de conciencia. Inductivo, genera profundas reflexiones en el ser y llega a su vida cuando éste se encuentra desprovisto de todo, cuando ha perdido todo ego, todo amor físico, toda posesión económica o de bienes y está vulnerable y desnudo. Ahora es el momento perfecto para que este cristal decida aproximarse a la vida de un ser humano con el fin de impartirle sus conocimientos y generar una nueva conciencia que lo guíe para construir su futuro desde bases más sólidas. Se asocia con las catarsis de la vida y ofrece un aspecto positivo que le permite, tras la crisis, situar al ser en una mejor posición en todos los ámbitos de su existencia, iniciando por ofrecerle una mejor relación consigo mismo.

Vogel: presenta dos puntas, una grande y del otro lado termina en una delgada. Trabaja bien los procesos de sanación del cuerpo físico, en particular los relacionados con problemas emocionales, económicos y físicos. Buen conductor y emisor de energía. Se dice que pertenece al reino de los misterios y gusta de trabajar aspectos relacionados con los campos electromagnéticos. Un cristal de constante desempeño que suele pasar mucho tiempo presente en la vida de un ser.

Abrazo: tiene dos puntas, una orientada al lado izquierdo y otra va al derecho, con una intersección en la que el tronco de ambas se fusiona en uno. Trabajan bien con personas soberbias, logrando que alcancen el desapego. Se recomienda en caso de falta de confianza, pues logra desarrollarla en el ser que lo posee. Bueno para ayudar a superar pérdidas y encontrar el propio destino. Idóneo para quienes no encuentran dirección en su vida. Es de acción acelerada con aquellos que no logran concretar sus proyectos. Aconsejable para personas solas mayores de 38 años que desean encontrar una pareja estable y constructiva, en cuyo caso crea las condiciones idóneas para que se efectúe el encuentro.

Elestial: con morfologías extrañas, suele tener varias puntas en una sola o varias puntas en diferentes caras del cuerpo; tiene un aspecto extraño, tipo futurista no definido pues sus puntas crecen en diferentes direcciones. Anuncia grandes cambios espirituales en la vida del ser. Representa la renuncia a todo ayer, a las viejas costumbres, ideas, entornos, relaciones. Anuncia el desapego total y la renuncia a todo lo que antes se consideró una realidad pero ahora no existe más. Ayuda a aquellas personas que no han comprendido su misión ni motivo de existir en el plano físico. Muy sabio, se recomienda para ayudar a quienes sufren adicciones a abandonarlas y a aquellas listas para dejar el plano físico, a hacerlo en luz y en paz. Otorga nuevos bríos a personas con lesiones permanentes causadas por accidentes –deformaciones faciales, parálisis o amputaciones–, ayudándolas a soltar el dolor, a dejar de reprocharse por los hechos y concentrarse en construir un nuevo sendero más positivo y auténtico. Resulta fácil de reconocer, con una degradación de ahumado a translúcido; es decir, inicia en un color oscuro y termina siendo incoloro. Abre la puerta a la comunicación con ángeles y arcángeles. Muy útil cuando se busca romper con creencias falsas e ideas limitantes que frenan el desarrollo. Trabaja bien todo tipo de bloqueos, los cuales elimina de manera paulatina.

Luminoteca: colmado de elementos en su interior, parece una galaxia y recuerda al universo. Muy bueno para meditar, aunque para trabajar con él se requiere gran desarrollo espiritual. Su llegada a la vida de un ser humano hace referencia a una transformación absoluta en ella. Anuncia abundancia de pensamiento y de emociones y le avisa que ya está listo para recibir las bondades que él mismo cosechó durante largos años de espera.

Templo Dévico: proveniente del Tíbet, está compuesto por diferentes elementos: en su interior presenta un mineral y una coloración diferentes de los que se encuentran en el exterior. Al observarse con cuidado, parece tener pinturas de paisajes miniatura en su interior. Asociado con seres cristalinos astrales que no tienen un cuerpo físico, es poderoso al entrar en contacto con ellos, a su vez conectados directamente con seres de otros sistemas solares. Ofrece enseñanzas mentales, pero no debe ser obsequiado a quienes sufren adicciones, ya que en ellos podría provocar alucinaciones extremas que sólo agravarían su condición física. Altamente recomendable para astrónomos y físicos cuánticos.

Transmisor: depura pensamientos y sentimientos del ser, ayudándole a soltar y terminar relaciones destructivas o abusivas. Se comunica con el ser mediante el tercer ojo y debe estar en soledad durante veinticuatro horas en su espacio de meditación antes de estar listo para emitir respuestas. Por cada día de consulta en el cual emita información se deberá dedicar un día completo a que repose. Buen aliado para desarrollar las capacidades de ambos hemisferios del cerebro y desarrollar los niveles emocionales del ser. Útil para personas que evaden sus sentimientos o tienen terror a expresarlos por miedo a resultar heridos.

Reparador áurico: trabaja la sanación. Elimina fugas energéticas generadas en el campo áurico por exceso de presiones, enojos, depresiones, angustia, miedos y enfermedades, o por exposición a ambientes contaminados en el aspecto energético. Combate a personas que sin advertirlo roban la energía a otras. Este cristal es muy recomendable para colocarse directamente sobre los chakras que buscan realinearse y dejarlo actuar durante una hora sobre la piel ejerciendo su beneficio y aportando un incremento energético. Trabaja con el campo áurico de modo intuitivo y constante. Es muy apropiado para tratar con enfermos, niños pequeños o mujeres embarazadas.

Clasificaciones y usos por color

Cristales verdes

Maestros asociados: Hilarión

Aspectos y beneficios

Hacen emerger la verdad, combaten mentiras y intrigas, ayudan a superar complejos de inferioridad que afectan al ser. Representan fuerzas de la naturaleza. Mejoran resultados si se trabajan con decretos expresados en soledad. Ayudan a armonizar los centros energéticos de todo ser vivo, sean plantas, animales o seres humanos. Ayudan a superar el duelo por la pérdida de seres queridos.

Maestros asociados: Gaia

Mejoran la salud. Ayudan a expresar amor universal y desarrollan la compasión. Son efectivos en conjunto con decretos y visualizaciones para atraer dinero, riqueza y prosperidad. Regeneran el organismo si se colocan directamente sobre la piel en la parte que se desea sanar. Producen efectos benéficos en la vida humana en todo ámbito.

Cuáles son

Adamita verde	Amazonita	Atacamita
Ajoite	Annabergita	Autonita
Amatista verde	Andradita	Aventurina

Akari Berganzo

Baydonita	Fluorita verde	Topacio verde
Berilo	Gartrellita	Tsumebita
Brasilianita	Gespeita	Turmalina verde
Circón verde	Grosularia	
Conicalcita	Jade verde	Turquesa
Crisocola	Livianita	Uvarovita
Crisolina	Moldavita	Variscita
Cuarzo verde	Montgomeryita	Venturina
Cuprosklo-dowskita	Olvina	Verdelita
	Pectosita	Vesuvianita verde
Despujolsita	Periodoto	
Dioptasa	Piromorfita	Vivianita
Epidota	Prehnita	Volborthita
Ergomenón	Serpentina	Wavellita
Esmeralda	Sulfuro	Zafiro verde
Etringita		Zoisita verde

Amazonita: otorga tranquilidad al ser al depurar emociones y pensamientos negativos. Idónea para aquellos que han perdido la esperanza y se sienten abatidos por la adversidad. Ayuda a dejar en paz el pasado y superar épocas conflictivas en la cuales parece no haber solución a los problemas. Combate el ego y la soberbia. Logra terminar con conductas despectivas, lascivas o limitantes. Ayuda a superar desequilibrios nerviosos y combate ansiedad, miedos e inseguridades. Recomendable para personas que trabajan en medios de comunicación. Ayuda en etapas de transformación y cambios, aportando valentía y nuevas perspectivas a la realidad. Ayuda a concretar y a la creatividad, infunde ganas de vivir y aporta entusiasmo. Desarrolla la independencia económica, emocional y laboral. Abre y fortalece los chakras. Combate dolores en articulaciones y lumbago.

Crisocola: con tonalidades de verde a turquesa, ayuda a combatir estados de histeria logrando calmar al ser. Útil para sobreponerse de fuertes impresiones que pueden crear alteraciones en el organismo por la multiplicación de toxinas. Combate problemas relacionados con el hígado y mejora la presión arterial. Corrige problemas de tiroides, como el hipertiroidismo; para este fin debe colocarse sobre la garganta durante 15 minutos cada día. Mejora el proceso digestivo y de absorción de nutrientes.

Fluorita verde: equilibra emociones, pensamientos y al ser en general. Ayuda a revelar la verdad. Aporta paz y equilibrio emocional y mental, brinda espacio a la introspección y canaliza energías mentales transportándolas al plano físico. Sirve para unificarse con el universo, centrarse en la evolución y dejar atrás el ego. Mejora el coeficiente intelectual. Ayuda a sanar relaciones personales. Logra estados de neutralidad y evita conflictos laborales. Sirve para combatir mareos y es aconsejable durante viajes en los cuales es altamente protector.

Jade: asociado con la pureza, genera tranquilidad y serenidad. No elimina energía residual, sólo la transforma en luz para ser reutilizada. Ayuda a eliminar malos sentimientos, expulsándolos de la vida del ser. Es efectivo para tratar malestares del aparato urinario. Ubicado cerca de la cama ayuda a conciliar el sueño. Ayuda a contactarse con el espacio sagrado del corazón y a obtener respuestas mediante sueños premonitorios. Combate ataques energéticos frecuentes en oficinas y escuelas producto de envidia. Atrae abundancia a la vida, para lo cual hay que utilizarlo diariamente. Desarrolla la conciencia y la capacidad de luchar para alcanzar objetivos. Se conecta con la simbología del universo. Si se utiliza durante la meditación, ayuda a saber qué rumbo le espera a los negocios o contratos. Mejora la capacidad de razonamiento y es útil en negociaciones. Depura enfermedades emocionales producidas por relaciones disfuncionales, bien sean de tipo familiar, social, de pareja o por falsas amistades. Purifica el entorno alejando del ser toda relación que resulte lasciva. Promueve la justicia y la sanación en todo ámbito.

Moldavita: propicia estados de relajación y facilita la meditación. Es un sedante natural que induce el sueño y combate la tensión y la ansiedad. Acelera procesos de curación emocional y espiritual, eliminando síntomas de los estados de angustia y aportando calma al sistema nervioso. Combate el asma y alergias, sobre todo de tipo cutáneo, y la dermatitis nerviosa. Mejora el nivel de concentración y aporta claridad mental. Tiene grandes propiedades curativas, al absorber energías de luz del universo que dirige hacia el ser; para utilizar correctamente esta energía el ser debe vibrar en la misma escala que el cristal.

Periodoto: ayuda a desarrollar seguridad en uno mismo. Infunde nuevos bríos para afrontar responsabilidades y conquistar sueños. Aconsejable cuando se busca efectuar una inversión o conseguir un aumento de sueldo. Combate el miedo y la timidez, mejora la comunicación y facilita la expresión de sentimientos. Recomendable para quienes ocultan sus emociones. Mejora la salud, combate el exceso de radicales libres y ayuda a perder peso de manera paulatina. Mejora la regeneración de los tejidos, por lo que es de gran ayuda en pacientes en proceso posoperatorio. Aumenta la claridad mental y emocional, desarrolla la paciencia y tiene propiedades calmantes. Ayuda a conectarse con la energía femenina y facilita la clarividencia. Ayuda a atraer dinero de forma constante y trabaja sanando vibraciones en ambientes densos y contaminados.

Prehnita: genera amor incondicional. Trabaja la sanación espiritual y emocional, optimiza los resultados de visualización y ayuda a alcanzar un estado de meditación. Útil en procesos de autoconocimiento cuando el ser mira a su interior. Infunde valor y aceptación ante situaciones difíciles. Ayuda a ver el futuro revelando información al respecto. Debe utilizarse con prudencia bajo el bien universal. Sirve para encontrar el sendero evolutivo, para combatir carencias internas y emocionales relacionadas con conductas de posesión y para frenar la ambición desmedida. Sana el vacío interno causado al no haber resuelto sus necesidades espirituales.

Zoisita: termina problemas de diversos tipos y sana heridas emocionales. Ayuda a afrontar procesos vinculados con traumas derivados de situaciones karmáticas de otras vidas. Elimina el dolor producto de desengaños y traiciones sentimentales. Protege de la envidia al revertir sus efectos hacia el emisor. Ayuda al despertar espiritual y reconecta el yo superior, por lo que es aconsejable para personas que han perdido el rumbo de su vida. Promueve el individualismo destacando los mejores atributos de quien lo posee. Transforma impulsos destructivos en una fuerza constructiva. De gran ayuda en terapias, hace florecer emociones, sentimientos y recuerdos reprimidos. Reduce el ácido úrico e inflamaciones y acorta el tiempo de recuperación en enfermedades graves o tras intervenciones quirúrgicas. Atrae riqueza y abundancia económica.

Cristales turquesa

Maestros asociados: Guardianes de los mares

Aspectos y beneficios

Asociados con las entidades marinas de la luz, se les utiliza en contextos de sanación de traumas producto de accidentes en el mar y para sanar la insolación. Son minerales del elemento agua, de energía suave, muy indicados para trabajar con mujeres embarazadas, bebés, niños y adultos mayores. Otorgan paz, ayudan a eliminar estados depresivos y protegen a quienes se expresan con el estandarte de la verdad. Combaten estados de sobreestimulación y nerviosismo. Ayudan al ser a expresarse y comunicarse mejor, especialmente a personas tímidas. Atraen la felicidad. Revelan intrigas y otorgan justicia en la situación. Combaten las mentiras y protegen de éstas. Ayudan a desarrollar la intuición y la clarividencia. Mejoran problemas relacionados con la garganta, la tiroides, el oído y la piel. Relacionados con el chakra de la garganta.

Cuáles son

Acqua aura	Cerusita verde	Labradorita
Adamita	Copper	Larimar
Aerinita	Crisocola	Malaquita
Aguamarina	Crisoprasa	Microlita
Amazonita	Cromífera	Ópalo
Annabergita	Cuprífera	Rosasita
Apatito azul	Cuprita	Shattukita
Aragonito	De vinilla	Smithsonita verde
Atacamita	Dioptasa	Topacio azul
Auricalcita	Escorodita	Turquesa
Austinita	Espangolita	Variscita
Brochantita	Euclasa	Veril
Calcantita	Hemimorfita	Vesuvianita
Calcita	Indicolita	Willemita

Acqua aura: combate inseguridades al hablar en público. Induce a efectuar viajes astrales y regresiones, y abre puertas dimensionales para entrar en contacto telepático con seres de otras dimensiones. Atrae el éxito en el ámbito profesional y otorga bienestar personal. Ayuda a reinstaurar la conexión con el yo superior. Promueve la abundancia económica y espiritual, elimina fugas energéticas del campo áurico y equilibra los chakras. Neutraliza el carácter agresivo y es un antidepresivo natural. Mejora resultados en meditación, ayuda a alcanzar evolución espiritual, y combate miserias, ego, soberbia, rencor, odios y venganzas. Elimina la negatividad y relaja el cuerpo emocional. Combate el enojo y disminuye el estrés. Relacionado con elementos de agua y fuego, incrementa la capacidad del ego para obtener acceso a verdades emocionales y permite restablecer el estado de paz interna. Calma los nervios, atrae riqueza y abundancia, ayuda a impedir que se aproximen los seres del bajo astral y elimina ataques energéticos. Ayuda a reconectarse con el espacio sagrado situado en el corazón. Mejora el desempeño del sistema inmunológico.

Aguamarina: infunde ternura. Se aconseja para personas que tienen una mente fría y carencias emocionales o que temen expresar sus sentimientos. Combate crisis emocionales y estabiliza a las personas cuando presentan intenciones suicidas evitando que las lleven a cabo. Ayuda a lograr la meditación y el buen funcionamiento hormonal. Infunde coraje para afrontar la vida diaria. Idóneo para personas sensibles, ya que las equilibra de altibajos emocionales. Ayuda a ganar juicios y aligera la carga emocional y laboral asociada con la sobrecarga de responsabilidades. Infunde el desarrollo de la rectitud en el ser. Recomendable para adolescentes irresponsables, ya que los aleja de problemas y los acerca a la ética en su existencia presente y posterior. Filtra la información que será retenida por el cerebro, excelente protector del campo áurico, al cual mantiene limpio y equilibrado. Combate las fobias y protege durante viajes o desplazamientos. Promueve la pureza espiritual.

Atacamita: combate complejos de inferioridad. Ayuda a despertar y potenciar la creatividad. Protege de malas energías y cuando el ser está expuesto a ellas evita que le afecten. Infunde tranquilidad en momentos adversos, y combate la depresión y la tristeza. Ayuda a sanar el odio, el rencor y la furia, induciendo estados de paz. Produce crecimiento espiritual y combate el mal temperamento. Mejora el desempeño del sistema inmunológico y combate padecimientos de tiroides y herpes. Purifica los riñones al facilitar la eliminación de toxinas, por lo que ayuda a depurar el cuerpo tras un exceso de consumo de alcohol o drogas. Combate la fiebre y las infecciones genitales e venéreas. Protege el cuerpo físico de ataques de seres del bajo astral durante la meditación.

Auricalcita: proporciona estabilidad emocional, mental y económica. Desarrolla paciencia y esperanza ayudando a combatir frustraciones. Es conveniente para personas impulsivas, agresivas o que padecen frustraciones. En oficinas ayuda a combatir frustraciones cuando los proyectos se bloquean o se echan en saco roto. Facilita la comprensión y desarrolla la compasión. Ayuda a reconectarse con posibilidades que el universo tiene escondidas en el plan divino de su vida. Ayuda al ser a encontrar su destino en el momento oportuno. Apoya a los estudiantes que terminan el bachillerato para elegir una profesión, encontrando su vocación y asociándola con una carrera laboral exitosa.

Crisoprasa: benéfica en la vida, infunde esperanza. Ayuda a alcanzar estados de meditación y de relajación. Estimula la creatividad, ayuda a los procesos de adaptación ante nuevos ciclos de vida y facilita la autoaceptación terminando con complejos en las personas. Apoya para asumir compromisos y acabar con la irresponsabilidad. Termina con ideas autolimitantes y con pesadillas. Trabaja muy bien con el tacto. Mejora la función hepática y las enfermedades mentales. Ideal para combatir problemas de fertilidad e inducir embarazos bajo programación previa. Combate problemas visuales e incrementa la absorción de vitamina C. Trabajando en conjunto con cuarzo ahumado, combate los hongos desarrollados en el organismo. Óptima en terapias para ayudar a sanar al niño interior.

Euclasa: poco común y de precio elevado. Protectora de los órganos internos, induce un estilo de vida más riguroso. Ideal para regalar a jóvenes o adultos que no asumen responsabilidades. Combate bulimia, dependencia de drogas, alcohol y tabaco. Evita caer en excesos como gula o en malos hábitos como fumar. Ayuda a dejar malas compañías y amistades falsas. Evita que el ser preste atención o fomente chismes, por lo cual resulta muy útil en oficinas para evitar problemas. A nivel emocional, evita que las personas se encierren en sí mismas. Ayuda a salir de estados de aislamiento y reconocer sus sentimientos, facilita el reconocimiento de errores. Útil para personas soberbias o ególatras, o bien, con alta jerarquía social o laboral, ayudándoles a ser más humanas y más justas para aplicar el poder. A nivel espiritual, induce a descubrir nuevos límites y no aceptar aquellos establecidos por los demás. Óptima para personas que se autolimitan, ayudándolas a salir de esta situación.

Hemimorfita: trabaja el plano emocional, combate enfermedades y deficiencias del sistema cardiaco. Ayuda a abrir el corazón para expresar amor sin egoísmos al conectarlo con el flujo del amor universal. Útil para dejar atrás la tercera dimensión en un plano mental, otorgando libertad de pensamiento y libertad emocional. Apoya para reencontrarse con su yo superior y con energías de luz existentes en el universo. Se aconseja regalar una a los seres que sufren por falta de amor o por malas relaciones sentimentales; logrará sanar sus heridas emocionales y atraer a su existencia un nuevo amor más puro acorde a sus necesidades específicas. Ayuda a afrontar decisiones que no se atreven a tomar para abrir nuevos ciclos en la vida. Trabaja para prevenir ataques cardiacos, y problemas de coronarias y arterias, manteniéndolas en óptimo funcionamiento.

Rosasita: infunde calma, termina con estados depresivos y minimiza estados de histeria o estrés. Ayuda a mejorar el funcionamiento renal. Útil para enfocar la mente asertivamente en alcanzar resultados. Mejora la concentración para concretar a tiempo los proyectos emprendidos. Es aconsejable tener una en la oficina o área de trabajo. Mejora la comunicación enfocando las fuerzas de equipos de trabajo y optimizando resultados. Ayuda a estabilizar la histamina en enfermos y les protege de crisis nocturnas, por lo que se recomienda tenerla cerca de la cama. Ayuda a recibir mensajes del mundo astral mediante sueños y a obtener respuestas a preguntas existenciales y cuestionamientos asociados con problemas que deben resolverse sin tener tiempo de reflexionar. Ayuda a desarrollar la reflexión ante la toma de decisiones.

Cristales rojos

Maestros asociados: Juan el Amado, Lady Nada, Maestro Jesús

Aspectos y beneficios

Trabajan sobre las emociones aliviando la tensión y relajando el cuerpo. Calman la mente y brindan claridad al pensamiento. Idóneos para resolver problemas emocionales y sentimentales. En personas solteras que anhelan una relación emocional estable, se utilizan para atraer una pareja. Trabajan para restaurar la paz y eliminar conflictos. Recomendables para quienes tienen baja autoestima o se sienten no amados. Ayudan a transformar cualquier exceso de energía (enfado, ira) en amor universal. Ayudan a estar en paz con uno mismo y se asocian al chakra base, de la corona y al umbilical. Facilitan la integración de nuevos miembros de la familia, como los bebés y los chicos adoptados mayores de tres años, o bien los adolecentes cuando han dejado de comunicarse con su familia por la crisis característica de la edad. El más representativo de los minerales de color rosa es el cuarzo rosa, cristal del amor por excelencia.

Cuáles son

Ágata	Carnelina	Chondrodita
Calcita roja	Carneola	Cinabrio

Circón rojo	Granate	Rodocrosita
Corindón	Hermatita	Rodonita
Cornalina	Hessonita	Rubí
Crocoita	Hidrocincita	Selenita
Cuarzo rojo	Inesita	Silvita
Cuprita	Jacinto de	Smithsonita
Diorita	Compostela	Tetraedrita
Elbaite	Jaspe rojo	Thilita
Eritrina	Liddicoatite	Topacio
Espersatina	Motramita	Turmalina
Espinela	Oropiment	Vanadinita
Esvabita	Piedra luna	Villiaumita
Fluorita roja	Proustita	Wulfenita
Fridelite	Rejalgar	Zafiro rojo

Cinabrio: combate todo dolor físico y emocional. Minimiza los traumas producto de situaciones extremas y ayuda a que los golpes dejen de doler más pronto. Armoniza los pensamientos con el cuerpo físico. Mejora la circulación, combatiendo las várices. Estimula el flujo sanguíneo y lo oxigena, lo revitaliza y le inyecta energía. Otorga coraje a indecisos. Ayuda a expresar los sentimientos con mayor intensidad e intensifica las emociones dirigiéndolas hacia la luz y el amor. Útil para infundir alegría y optimismo. No es aconsejable para personas con exceso de energía, ya que puede causar estados de euforia en ellas.

Circón rojo: mejora la capacidad cerebral y concentración, por lo que es adecuado para estudiantes en periodos de exámenes. Ayuda a concretar negocios de forma exitosa. Induce a conducirse con prudencia y sabiduría. Ofrece un reequilibrio energético, ayudando a combatir bajas de energía debidas a enfermedades, noches de insomnio, estrés o agotamiento físico. Mejora la agilidad mental y equilibra los chakras, cuerpo, mente y espíritu. Puede ser sustituto de complejos vitamínicos. Se recomienda llevar puesto uno en el caso de enfermos crónicos y terminales pues les ayudará a gozar de mayor energía, minimizando el agotamiento y la pesadez corporal.

Cornalina: desarrolla el carácter en personas que no pueden expresar ideas propias ni tomar la directiva de su vida por sí mismas. Otorga liderazgo moderado y ayuda a iniciar proyectos de modo exitoso. Es un poderoso aliado contra injusticias y las repara en el momento idóneo. Mejora relaciones familiares. Ayuda a tener claridad ante las situaciones y es muy útil cuando se tienen dudas sobre la fidelidad de la pareja. En sueños o por vibraciones mostrará, de un modo directo y claro, respuestas que se buscan. Mejora la circulación sanguínea y al ser frotada sobre las piernas con suavidad, ayuda a eliminar várices paulatinamente. Buen amuleto para colocarla en una bolsa esterilizada cerca de los enfermos antes de someterse a operaciones de alto riesgo, de las cuales les protege y controla que no pierdan mucha sangre.

Eritrina: útil cuando se requiere expresar ideas de modo asertivo. En agencias publicitarias, ayuda a las duplas de copy (redactor de textos) y director de arte. Apoya a escritores, periodistas o estudiantes de ciencias de la comunicación. Se asocia con personas interesadas en letras, filosofía y lenguas. Ayuda a sanar dolores que hayan sido reprimidos mediante la transmisión de mensajes positivos hacia otro ser. Sana a los demás y al hacerlo, él mismo resulta sanado. Ayuda a buscar la verdad hasta encontrarla y es un gran aliado para desvelar secretos de familia que afectan o limitan al ser en su óptimo desarrollo. Trabaja sanando todo padecimiento relacionado con las cuerdas vocales, garganta, laringe, faringe, bronquios o infecciones gripales.

Jacinto de Compostela: combate el insomnio, ayuda a mejorar el funcionamiento pulmonar y cardiaco, y combate enfermedades respiratorias. Útil para generar flujo de dinero entrante de forma constante; es eficaz cuando se coloca en un mismo espacio con una pirita. Promueve riqueza en la vida del ser que lo posee. Ayuda a personas que padecen de envidia a dejar de ser presas de este defecto, elimina odios y protege de ataques energéticos.

Jaspe rojo: combate problemas hepáticos de forma exitosa y ayuda al organismo a recuperar la salud. Combate náuseas, por lo que es muy útil durante el embarazo. Mejora el rendimiento sexual. Mejora el carácter, al combatir el temperamento agresivo, explosivo, bipolar y estabilizar emociones y sentimientos. Infunde determinación, combate la timidez y permite ser escuchado cuando quien lo posee requiere expresar sus emociones o ideas y ser atendido en sus necesidades.

Rubí: cristal de protección. Ayuda a sentirse unificado con el universo. Otorga pasión a la vida y protege relaciones amorosas cuando ofrecen sinceridad, respeto, bondad y equidad a ambos miembros de la pareja; en caso contrario, las termina abruptamente. Combate padecimientos de tipo cardiaco y problemas de visión. Combate bulimia, anorexia y anemia, al mejorar la absorción de nutrientes y la eliminación de toxinas del organismo; en casos de bulimia evita que se produzca el vómito y en la anorexia ayuda a que el ser desarrolle nuevamente el apetito obligándole a alimentarse a pesar de su voluntad. Combate problemas mentales y de pérdida de memoria. Eficaz para combatir miedos causados por malas experiencias de vida.

Cristales morados

Maestros asociados: Quan Yin, Saint Germain

Aspectos y beneficios

Los cristales morados son responsables del desarrollo espiritual del ser y la transmutación de las circunstancias de vida. Óptimos transmisores de energía y depuradores energéticos. Ayudan a centrar la mente en los objetivos previamente trazados. Útiles para enfocar los sentimientos en el trabajo pleno y asertivo en meditación. Inducen el sendero evolutivo en la vida del ser humano, combaten estados de insomnio y son valiosos aliados para salir adelante durante épocas de crisis. Combaten depresión y agresión, ayudan a afrontar los divorcios, la sobrecarga de trabajo y todo tipo de decepciones. Tienen la capacidad de limpiar, regenerar y aportar energía. La amatista es uno de los cristales más potentes de la naturaleza que ayuda en cualquier tipo de tratamiento, así como en meditación.

Cuáles son

Ágata lila   Alexandrita   Amatista

Amesita	Cromita	Pirosulita
Ametrino	Cuarzo morado	Sal
Anglesita	Dragonita lila	Siderita
Berilo	Eritrina	Strengita
Calcita mangano	Fluorita morada	Strunzita
Calcopirita	Halita	Suglita
Cerusita	Iolita	Tanzanita
Charoita	Kaemmererita	Vesuvianita violeta
Clevelandita	Kunzita	Violane
Cobalto calcita	Leopidolita	Zafiro de agua
Cristal de roca	Mica	Zafiro morado

Amatista: los atributos y beneficios de este cristal se describen en la sección "Cristales que no deben faltar en tu hogar".

Fluorita morada: combate el estrés, ayuda a lograr profundas reflexiones espirituales, ideal para trabajar sobre chakras. Trabaja el desapego material, ayuda a fluir ante ciclos de la vida y logra consagrar conexiones con seres superiores de luz. Desarrolla la sabiduría al trabajar con el yo superior eliminando el apego y el materialismo generados por el ego producto del yo inferior.

Promueve cambios, genera nuevas ideas y ayuda a tener valor y confianza en el sendero evolutivo. Permite hacer una introspección de la propia vida para depurarla de relaciones disfuncionales y dejar atrás el pasado, enfocándose sólo en el futuro. Transmuta las energías negativas y equilibra los pensamientos cuando se padece de patrones de autosabotaje.

Ágata lila: facilita las relaciones y ayuda a tener buena suerte en el amor. Otorga poder vibratorio, equilibra y favorece la introspección, así como la meditación. Proporciona estabilidad, fuerza y valor, se utiliza para desarrollar la creatividad en actividades artísticas, escultura, literatura, pintura, etc. Combate ataques epilépticos y desórdenes emocionales. Minimiza los efectos de cambios hormonales relacionados con la menopausia y el periodo menstrual; en este último caso reduce cólicos y malestares. Mejora la autoestima y el coraje. Permite distinguir a los verdaderos amigos de las falsas amistades y aleja a personas dañinas de la vida y del entorno del ser. En asuntos legales, como juicios y amparos, logra resoluciones justas y favorables para el ser que la posee (sin embargo, esto sólo lo hace cuando éste tiene la razón en el asunto; de lo contrario, ayuda a que la verdad aflore a la luz).

Eritrina: cristal de consuelo, ayuda a sanar el dolor del corazón. Protege a familiares o personas que tengan la desgracia de vivir con alcohólicos o adictos, de los ataques de éstos, brindándoles soporte emocional y espiritual para sobrellevar a estos seres y facilitando que logren perdonar sus miserias. Ayuda a olvidar traumas y recuperar la alegría y la confianza en el futuro. Sirve para ser piadoso al emitir juicios respecto a otros, sin juzgarlos ni criticarlos. Apoya para encontrar la misión en la vida, aquella en la cual será exitoso en el ámbito laboral. Protege el hígado, los riñones y el aparato reproductivo.

Siderita: equilibra cargas energéticas nivelando el flujo de energía en los chakras y favoreciendo su apertura. Trabaja en la columna vertebral. Reduce miedos y angustias, ayuda a enfrentarse con optimismo y eficacia a problemas cotidianos eliminando la sensación de derrota y pesimismo. Se recomienda para personas que tienen el defecto de la necedad o cargadas de prejuicios pues les ayuda a mirar a todo ser vivo con igualdad. Cristal de nuevos líderes de la luz que ofrecerán liderazgo con justicia y equidad para todo ser vivo. Se le conoce como el cristal del entusiasmo, erradica miedos, combate la melancolía y la fatiga crónica. Ayuda a desarrollar coraje para afrontar la vida sin dejarse abatir por ella y a liberar al ser de ideas erradas.

Charoita: responsable de conducir el despertar y la transformación espiritual del ser cambiando prioridades y combatiendo el yo inferior. Ayuda a superar temores, a mejorar la visión interna y la intuición espiritual, a afrontar grandes cambios espirituales, a purificar el campo áurico y a conectarse con amor incondicional. Produce cambios en la vibración, con lo que vincula al ser con las realidades superiores. Ayuda a depurar el cuerpo físico, mental y emocional, y a aceptar el momento presente, considerándolo perfecto. Aleja la negatividad y mejora la aceptación de los demás. Ayuda a superar la resistencia, a poner las cosas en perspectiva y a desarrollar iniciativa, vigor y espontaneidad ante los proyectos. Minimiza la tensión y el estrés, y combate trastornos compulsivos y obsesivos. Induce a tomar decisiones rápidas, a enfocarse en la propia existencia y dejar de juzgar, criticar y entrometerse en la vida ajena. Apoya para encontrar la misión de vida y promueve la humildad. Útil en terapias regresivas para obtener información de vidas pasadas con el fin de sanar traumas asociados con ellas que están presentes en esta vida. Transmuta enfermedades en salud y ayuda a recargarse de energía tras sufrir estados de agotamiento. Mejora problemas de histeria, trastornos bipolares y la aceptación de la realidad y apertura a ésta en el caso de los autistas. Regula la presión sanguínea, y combate y sana lesiones hepáticas por estragos causados por el alcoholismo.

Cristales amarillos

Maestro asociados: Soo-Shee, Kutumi, Lanto

Aspectos y beneficios

Mejoran procesos de pensamiento otorgando claridad mental. Combaten problemas conectados con el habla y reducen la dislexia. Óptimos aliados para desarrollar artes creativas y escritura. Protectores por excelencia, alejan el peligro del ser, absorben y transmutan la energía negativa en los ambientes impidiendo así ataques energéticos hacia otros seres vivos. Mejoran la capacidad de visualización y ayudan a concretar nuestros anhelos al trabajar con la ley de atracción. Aportan lucidez en la toma de decisiones y la vida en general. Mejoran el desempeño de los sistemas muscular, respiratorio y nervioso. Apoyan en casos de bulimia y anorexia, ofreciendo sus mejores resultados durante los inicios de estas enfermedades. Los minerales amarillos y dorados aportan energía y equilibrio, recargando la zona donde se sitúen con una energía suave y reparadora.

Cuáles son

Adamita	Ametrino	Azufre
Alejandrita	Anglesita	Barita
Ámbar	Autunita	Barita amarilla

Boltwoodita	Espinela	Oropimente
Brucita	Esturmanita	Pentagonita
Cadmio	Fayalita	Piromorfita
Calcita	Fluorita	Riolita
Camotita	Gypse	Sulfato
Citrino	Hematita	Titanita
Crandallita	Jaspe amarillo	Topacio amarillo
Cristal de yeso	Legrandita	
Diamante amarillo	Limonita	Vanaditina
	Ludlockita	Wulfenita
Dolomita	Melanophlogita	Xenotima
Escolecita	Mimetita	Zafiro amarillo
Esfena	Ojo de tigre	
Espesartina	Ópalo	Zoisita amarilla

Ámbar: es una resina que elimina toxinas del cuerpo a nivel físico y espiritual. Combate la depresión y la tristeza, sacando al ser humano de estados de desesperación e infundiendo confianza en el futuro. Conveniente para personas que consideran que su vida se encuentra suspendida en el aire sin presentar cambios consistentes. Combate el rencor y el odio. Ayuda a desarrollar ingenio, astucia e intuición, atrae amor, mejora el rendimiento sexual y combate impotencia en este ámbito. Combate enfermedades, ayuda a regenerar tejidos sobre todo tras intervenciones quirúrgicas, favoreciendo la recuperación de los enfermos. Atrae suerte en los negocios y es protector de niños pequeños. Aconsejado para personas que buscan adelgazar de forma natural.

Autunita: cristal de alegría. Buen aliado cuando se han sufrido pérdidas corporales o graves pérdidas asociadas con enfermedades. Ayuda al ser a reencontrarse consigo mismo aportándole sosiego, a mantener la esperanza y observar el dolor ajeno, con lo que podrá comprender que, por más grave que sea su situación o su pérdida, siempre habrá seres que sufran más que él. A través de esta comprensión se ofrece la oportunidad de sanar la pérdida, de ayudar a salir adelante a quienes sufren por pérdidas mayores que la que afronta el ser. Acorta el tiempo de recuperación de enfermos, facilita viajes a otros planos del universo, así como la entrada a templos y escuelas del alto astral siempre que el motivo de visita sea noble.

Limonita: purifica el cuerpo astral y el físico ayudando a obtener una sensación de bienestar y ligereza. Aumenta niveles de energía física. Recomendable cuando se busca generar proximidad en todo contexto; en parejas sólo actúa cuando hay amor en ambos miembros. Ayuda a revelar lo que está oculto en situaciones adversas complejas y a sintonizarnos con la naturaleza. Se relaciona con el éxito y la alegría. Ayuda a depurar amarguras y tristezas dejándolas en el pasado. Es curativo y sirve para eliminar toxinas del cuerpo cuando se coloca sobre la piel durante veinte minutos en la zona que se desea tratar.

Ojo de tigre: libera al ser de carga mental, recuerdos traumáticos, creencias falsas y traumas emocionales. Así, depura pensamientos y crea estabilidad y claridad mentales. Útil para personas con desórdenes mentales. Crea conexión con la madre Tierra y elementos de la naturaleza. Ayuda a generar abundancia, atrae dinero y oportunidades laborales a la vida del ser, colocándolo encima de la cartera o de la chequera; de este modo mantendrá constante la entrada de dinero.

Pentagonita: trabaja desde el interior del ser, desde el alma, y busca detectar traumas y conflictos que padece. Desarrolla sanación y paciencia. Por ser escasa, aparece sólo cuando realmente se requiere de ella y por lo mismo no suele permanecer muchos años con el mismo ser. Cristal viajero, desarrolla sabiduría e induce a la profunda reflexión ante tomas de decisiones. Sirve para incrementar productividad en el trabajo y en los proyectos, por lo cual es útil para que las personas perezosas combatan este defecto.

Piromorfita: desarrolla la sensibilidad, por lo que se aconseja para personas duras de carácter, el cual mejorará. Suaviza secuelas de heridas emocionales y ayuda a encontrar nuevos motivos para seguir adelante cuando se ha perdido todo. Desarrolla hemisferios del cerebro y transforma la vida del ser cuando está insatisfecho con su vida. Induce la creatividad y es idónea para estudiantes de arte, letras, diseño o música. Ayuda a entender y aceptar cambios. La piromorfita es aconsejable para inicios, ya que induce protección durante éstos y ayuda a que resulten positivos y constructivos.

Topacio amarillo: combate dolores de cabeza, migrañas y estrés. Previene y frena hemorragias, y regula la circulación de la sangre. Minimiza problemas cardiacos y promueve el buen funcionamiento de riñones. Mejora el funcionamiento del aparato digestivo al combatir problemas intestinales estomacales y la dificultad para digerir alimentos, y cicatrizar úlceras o gastroenteritis. Combate infecciones de garganta. Elimina insomnio y pesadillas, combate la depresión, y minimiza celos y envidia. Este cristal otorga claridad mental para superar dudas en las relaciones de pareja y ayuda a combatir exitosamente los celos.

Cristales azules

Maestros asociados: El Moyra y Guardianes de los Mares

Aspectos y beneficios

Relacionados con el elemento agua, promueven la paz, ayudan a aceptar el inicio y final de los ciclos naturales de vida del ser humano. Combaten pesadillas y miedos. Cuando se colocan en la bañera a la hora del baño desintoxican el cuerpo físico, mental, emocional y espiritual. Limpian el campo áurico y aumentan la percepción del mundo astral. Mejoran la relación con uno mismo y no se recomiendan para personas con problemas de ego porque los incrementarían. Ayudan a combatir y resolver conflictos de toda índole. Óptimos compañeros para mejorar vibraciones de amor en el hogar, en familia o en pareja, en cuyo caso hacen que se estrechen sus vínculos. Ayudan a desarrollar la intuición.

Cuáles son

Aerina	Benitoita	Cerusita
Angelita	Calcantita	Chalcostibita
Apatito	Carletonita	Cianita
Azurita	Cavansita	Cuarzo azul
Barita azul	Celestina	Diamante

Dumortierita	Halita	Ópalo
Elbaíta	Hemimorfita	Sodalita
Escorodita	Jeremejevita	Suglita
Euclasa	Lapislázuli	Tanzanita
Fluorita	Lazulita	Topacio azul
Goethita	Linacita	Zafiro azul

Carletonita: induce el crecimiento mental y desarrolla el espíritu. Aliada ante el agotamiento mental y el físico, pues mejora el flujo de energía. Ayuda a la concentración. Sus mejores resultados se expresan al trabajar con ella un hombre frecuentemente, ya que le otorga grandes beneficios y le ayuda a concentrarse en más de un tema a la vez, cuando que ésta es una cualidad del cerebro femenino y no del masculino. Cuidador por excelencia mientras el ser busca transitar por el plano astral, sobre todo durante los primeros acercamientos a otras dimensiones cuando no se encuentra bien reafirmado en las altas esferas de la luz y está expuesto a riesgos al transitar por planos desconocidos; repele toda entidad de oscuridad que busque aproximarse a él durante su travesía. Mejora el desempeño del páncreas y es muy útil para quitar dolores musculares, de columna vertebral y de huesos. Bajo programación combate el acné y rejuvenece la piel del rostro y del cuello.

Cianita: contiene cianuro, de ahí su nombre, por lo que sólo puede utilizarse mediante una fotografía; es decir, su trabajo únicamente será astral. Combate náuseas, vértigo y mareos. Ayuda a mejorar relaciones sentimentales, sobre todo cuando se trabaja en meditación para este fin. Útil en terapias regresivas para entender y sanar el pasado. Ayuda a meditar, induce calma y tranquilidad, desarrolla intuición y trabaja las polaridades energéticas. Sirve para adaptarse a una nueva realidad; en personas que están por morir, abre la comunicación con el mundo astral. Limpia el camino en la vida de malas energías y bloqueos, promueve la verdad y la hace emerger aclarando mentiras. Termina con el agotamiento mental y emocional. Facilita la evolución, atrae el cuerpo de luz hacia el reino físico y conecta la mente superior con las frecuencias elevadas. Combate infecciones ligeras, problemas musculares, la fiebre, problemas del sistema urogenital, de tiroides, de las glándulas adrenales, de garganta y cerebro, y es un analgésico natural.

Lapislázuli: los atributos y beneficios de este cristal se describen en la sección "Cristales que no deben faltar en tu hogar".

Lazulita: combate crisis emocionales y controla crisis de taquicardia. Enfoca la energía sexual de modo constructivo y equilibra, calma y controla los deseos sexuales. Combate y alivia trastornos endocrinos e inmunológicos. Despierta el espíritu aventurero y ayuda a alcanzar la meta de viajar, ocasión en que se muestra protector. Elimina parásitos y lombrices del cuerpo. Fortalece la mente ayudando a optimizar los hemisferios cerebrales. Auxiliar para abrir el apetito, por lo que es muy conveniente en casos de anorexia, bulimia o anemia. Fomenta el estudio y maximiza la retención de lo aprendido. Mejora la memoria en pacientes que presentan pérdida de ésta, en cuyo caso logran resultados más pronto cuando se trabaja en conjunto con la galena.

Linacita: facilita el habla y los procesos de aprendizaje, por ejemplo, de otros idiomas. Facilita la comprensión de problemas matemáticos y de la vida cotidiana, ayuda a centrar la atención en temas científicos y mejora su comprensión. Sirve para desarrollar interés por el arte. Hace más llevaderas las partidas definitivas asociadas con cambios de residencia, ayuda a fomentar seguridad y optimismo de cara al porvenir y facilita trámites burocráticos. Ayuda a concretar éxitos con prontitud, para lo cual deberá colocarse sobre documentos conectados con el trámite y dejarlo allí durante varios días, hasta aquel en el que el asunto deba concretarse; entonces, hay que llevarlo a la oficina del trámite y mantenerlo firmemente en el puño de su mano izquierda. Desarrolla la intuición, detecta posibles padecimientos de órganos internos; este temprano aviso lo hace advirtiendo de la necesidad de consultar al médico mediante sueños repetitivos por más de tres días de duración. Facilita el proceso de pérdida de peso. Ayuda a atraer bienestar físico, acompañada de un herkimer, un cuarzo rutilado y un cuarzo verde, así como dinero, acompañada de un jade verde y una pirita. Combate dolores de pies. Sirve para llevar una alimentación más saludable, logrando con ello que la piel mejore y las venas se vuelvan menos visibles en el cuerpo.

Tanzanita: bastante escaso, otorga consuelo a quienes sufren, facilita la sanación de emociones, y ayuda a eliminar angustias y miedos, así como a dejar atrás las decepciones. Mineral de energía muy suave, pasará bastante tiempo antes de que logres ver los resultados. Combate la negatividad y depura tristezas atrapadas en el alma. Ayuda a afrontar noticias devastadoras sin perder la claridad mental y manteniendo la calma. Permanece con el mismo ser durante mucho tiempo y es muy recomendado para sanar cuentas karmáticas asociadas con relaciones kármicas. Fomenta la autoconfianza. Induce la reflexión sobre pensamientos y aspectos de la vida en los cuales el ser ha cometido errores, ayudándole a encontrarlos. Desarrolla la individualidad, por lo que es muy indicada para hermanos gemelos cuando se busca que cada uno construya su propia vida y su propio espacio. Ayuda a depurar el organismo cuando se coloca a un costado de una jarra con agua, pero jamás deberá introducirse en ella.

Zafiro azul: aumenta los niveles de potasio, magnesio y calcio en el cuerpo. Ayuda a combatir enfermedades de la garganta y cuerdas vocales, mejora padecimientos respiratorios y de oídos, y combate ronqueras, afonías y bronquitis. Mejora la circulación sanguínea y los trastornos provocados por la artritis y regula el trabajo de la pituitaria. Es relajante e induce estados de calma. Aporta claridad mental, desarrolla el intelecto y estimula la imaginación. Mejora la capacidad cerebral optimizando el trabajo en ambos hemisferios. Alivia el sufrimiento, ayuda a adelgazar y combate el insomnio. Elimina energías negativas de los chakras y el aura, ayuda a recordar y asumir la responsabilidad por sus pensamientos y sentimientos y las consecuencias de las propias elecciones. Brinda guía y ayuda a aceptar hechos que no se pueden cambiar. Infunde coraje, fortalece ambiciones y fuerza para continuar e ir más allá del horizonte inalcanzable. Sirve para la sanación de todo el cuerpo, combate la depresión y la confusión espiritual, y estimula la concentración. Colocado sobre la garganta, facilita la expresión clara del conocimiento. Útil para equilibrar los cuerpos físico, emocional y mental. Buscador de la verdad espiritual, asociado con el amor y la pureza, fuente natural de inspiración, fomenta la creatividad en los más altos niveles. Desarrolla sabiduría en el ser humano y ayuda a alcanzar las metas. Sirve para ver más allá del plano físico.

Cristales blancos

Maestros asociados: Serapis Bey

Aspectos y beneficios

Atraen la buena suerte. Son protectores, en particular cuidan de quien se expone a peligros potenciales, como caminar solo por la noche en la calle, o de quienes trabajan en un reclusorio, viven en una zona con alto índice delictivo o salen tarde del trabajo en zonas industriales. Combaten dolores de cabeza y migrañas. Acompañados de un herkimer, actúan como purificadores energéticos para potenciar sus capacidades en este sentido. Idóneos contra energías residuales, combaten la pérdida de energía y vitalidad. Colgados al cuello de los infantes, los neutralizan y calman. Se conectan con el chakra de la coronilla.

Cuáles son

| Ambligonita | Analcima | Ankerita |

Apofilita	Espinela	Ortosa
Banaritina	Espodumena	Piedra luna
Barita	Esteatita	Prehnita
Berilo	Esteatita blanca	Salgema
Calcita		Scheelita
Cristal de roca	Estibilita	Selenita
Cuarzo	Hemimorfita	Sílex
Cuarzo blanco	Heredita	Taranowitzita
Danburita	Hialino	Tunellita
Escolecita	Jaspe blanco	Yeso
Espato de Islandia	Okenita	Zafiro blanco
	Ópalo blanco	

Ambligonita: ayuda a no sucumbir ante preocupaciones. Es de gran utilidad para pacientes con problemas de riñón y páncreas. Mejora la vida del ser otorgándole calma y equilibrio en todos los niveles: emocional, mental y espiritual. Ayuda a enfocar ideas para concretar proyectos. Apoya para mejorar la comunicación entre personas que se quieren, pero no saben comunicarse y, en caso de que alguna de ellas no sea sincera, sencillamente rompe la relación de forma pacífica.

Analcima: promueve la humildad y la miseri-cordia, y ayuda a alcanzar la paz interior. Comba-te mareos, reafirma bondad en el ser y otorga paz espiritual. Trabaja purificando el hígado. Cuando se trabaja constantemente con este cristal, ayuda a dormir mejor y a combatir problemas de ansie-dad o decaimiento. Trabaja bien con trastornos estomacales ligeros y previene el vómito cuando éste se relaciona con este tipo de trastornos. Vin-culado con la recepción de mensajes telepáticos y mensajes procedentes del mundo astral.

Apofilita: uno de los mejores sanadores de si-tuaciones karmáticas que existen en la naturale-za, su energía suave actúa en total discreción ayu-dando al ser a sanar dolores derivados de vidas pasadas sin casi darse cuenta. Trabaja de forma autónoma, no requiere de programación y gusta de reparar situaciones que vienen de memorias celulares en los estados de sueño. Sana también el dolor producto de pérdidas familiares: de hijos, madres, hermanos, abuelos o la pareja. Es muy activo a pesar de que el ser que lo posee raramente será consciente de la gran cantidad de beneficios que este cristal generará en su existencia. Ayuda a dormir profundamente, combate ansiedades y minimiza miedos y angustias. Acelera el proceso de recuperación de heridas, cirugías y enfermeda-des. Es un relajante cuando el ser está sometido a entregas de proyectos urgentes con muy poco margen de tiempo. Ayuda a intensificar el nivel de sentimientos asociados con el amor y a revivir la pasión en matrimonios con muchos años de convivencia. En parejas recién conformadas, sirve para encontrar el punto de equilibrio en la relación, dando espacio y libertad a cada uno pero también reafirmando e intensificando la unión y los sentimientos amorosos. (En la sección de "Cristales que no pueden faltar en tu hogar" se presentan mayores detalles al respecto.)

Banaritina: cristal de la bondad, motiva a actuar bondadosamente en toda circunstancia y desarrolla la piedad ante enemigos o seres que buscan el mal. El ser que la posee será capaz de perdonar bajezas y seguir su vida sin verse afectado y de alejar de su entorno a todo ser lascivo sin causarse karma por venganzas. Ofrece reconexión con el amor universal. Útil cuando se tiene hijos hiperactivos o problemáticos y no se sabe cómo educarlos sin ocasionarles traumas; en este caso deberá solicitarse directiva al cristal para encontrar el punto de equilibrio en esta educación. Combate chismes e intrigas. Ayuda a evitar malformaciones durante los primeros meses del embarazo; para ello, la madre deberá usarla diariamente y, con sus propias palabras, solicitar al cristal que le ayude a que el bebé se desarrolle sanamente y con normalidad (es importante que el trabajo del cristal se combine con la toma de ácido fólico durante todo el embarazo, aunado a una correcta alimentación y a los cuidados propios del estado). Ayuda a la concentración, a fortalecer el vínculo de amor en madres e hijos y en la pareja. Aconsejable para parejas que se aman pero no logran el entendimiento por causa del ego, en cuyo caso los aproxima y ayuda a encontrar el punto de equilibrio.

Cuarzo blanco: los atributos y beneficios de este cristal se describen en la sección "Los cuarzos y sus tipologías".

Esteatita: posee gran capacidad energética, la cual transmite; por ello, no es recomendable para quienes sufren de los nervios, ya que puede alterarlos más. Trabaja bien para equilibrar situaciones terminando con discusiones. Ayuda a alcanzar el éxito en todo contexto, otorga claridad de pensamiento y poder extra cuando se trabaja con la ley de atracción, lo que facilita los resultados. Permite que se trabaje con ella a cualquier edad ya que no afecta el campo vibratorio del ser humano. Ayuda a los animales y a las plantas cuando presentan enfermedades.

Okenita: trabaja aspectos espirituales mejorando la conexión con la propia alma. Ayuda al ser a fluir respetando sus emociones. Induce el sueño y la recepción de mensajes premonitorios durante éste. Óptima para la meditación, ayuda a recuperar sueños olvidados que quedaron inconclusos por un largo periodo y han sido olvidados con los años. Ayuda a desconectarse de situaciones que nos afectan. Trabaja a profundidad y optimiza resultados durante la meditación terapéutica. Ofrece apertura a información fundamental que explica el origen de los bloqueos cuando éstos son resultado de hechos sucedidos en existencias anteriores. Ayuda al crecimiento espiritual y a alcanzar la felicidad. Cristal positivo, ayuda a equilibrar a todos los seres vivos que habitan en el hogar, escucha las necesidades del ser y todo sentimiento o pensamiento negativo lo transmuta en amor hacia el ser. Es una oportunidad de comenzar a alcanzar la felicidad.

Selenita: cristal de la calma que aporta bienestar y esperanza, combate angustias y desilusiones, y facilita soluciones dejando a todas las partes satisfechas. Cristal de liberación emocional, facilita los cambios, brinda nuevas directivas para afrontar retos, elimina el temor a lo desconocido y ayuda a combatir traumas y miedos al futuro. Mejora el funcionamiento del estómago, el aparato digestivo e intestinos, ayuda a purificar células y combate úlceras. Ayuda para eliminar el dolor de muelas con sólo colocarla sobre la mejilla en la zona donde se presenta el dolor (en este caso la programación consiste en repetir mentalmente "Selenita, eres tú el cristal de la sanación, elimina ya todo dolor, así ya es"). Ayuda a lograr la meditación al mismo tiempo que protege el cuerpo físico de quien la lleva a cabo y entabla comunicación con entidades de luz presentes en todos los confines del universo. Desarrolla paciencia y tolerancia combatiendo así la frustración.

Cristales anaranjados

Maestros asociados: Afra (de África)

Aspectos y beneficios

Cristales de protección por excelencia. Ofrecen inspiración a diseñadores e inventores. Aumentan la autoestima y la productividad. Desarrollan la fuerza de voluntad, combaten problemas mentales, trabajan aspectos emocionales e inhibiciones de cualquier tipo. Ayudan a alcanzar el éxito si se les usa diariamente como amuleto protector. Tienen la capacidad de energizar y equilibrar. Fortalecen la determinación de personas que sufren como resultado de accidentes. Trabajan para ayudar al ser a alcanzar estabilidad emocional y vivir con alegría. Combaten problemas de salud relacionados con el estómago, intestino, bazo, riñones y páncreas. Ayudan en infecciones oculares leves (para ello hay que colocarlos durante cinco minutos sobre los párpados cerrados; tras retirarlos deberá lavarse la piel inmediatamente). De energía suave, puestos bajo la cama de los niños o la cuna de los bebés ayudan a que duerman profundamente, permitiendo así a los padres gozar de privacidad y dormir toda la noche.

Cuáles son

Adamita	Cornalina	Oropimente
Aradita	Crocoíta	Piromorfita
Aragonito	Cuarzo naranja	Piedra de sol
Baustamita		Rejalgar
Beudanita	Escolecita	Rodocrosita
Blenda	Estelerita	Siderita
Calcita naranja	Gestita	Topacio naranja
Campillita	Granate	
Cerrusita	Heulandita	Vanadinita
Ceruleita	Mimetita	Wulfenita

Adamita: conformado por arseniato de zinc, resulta tóxico y sólo debe trabajarse con una fotografía, jamás en su forma física. Quienes lo manipulen por alguna razón deberán usar guantes y de ninguna manera puede dejarse al alcance de niños o animales. Equilibra las emociones y estabiliza el temperamento combatiendo los cambios repentinos de humor, por lo que es aconsejable para personas con trastorno bipolar. Ayuda a combatir enfermedades cutáneas, como el acné, y los dolores de cabeza. Protege el estómago, mejora la circulación de la sangre y la calidad de vida de los diabéticos, ya que reduce la frecuencia y la intensidad de las crisis.

Calcita naranja: infunde alegría y esperanza en seres abatidos por adversidades o aquellos que han sufrido mucho a lo largo de su vida. Ayuda a atraer felicidad y combate depresiones. Sirve para purificar malas energías en la habitación donde se coloca y se asocia con buena suerte. Ubicada junto al teléfono o la computadora, fomenta la recepción de buenas noticias y mejora la memoria. Combate malestares durante el ciclo menstrual y en hombres ayuda a incrementar la vitalidad durante las relaciones sexuales. Promueve la fidelidad en ambos miembros de la pareja, inhibiéndolos cuando buscan relaciones ocasionales o que puedan atraerles problemas. Combate malestares del estómago, por la relación de este órgano con las emociones.

Crocoíta: cristal de directiva, ayuda a encontrar la ruta a seguir cuando el ser se encuentra ante disyuntivas en su vida. De energía masculina y acciones rápidas, es indicado para cirujanos, empresarios y abogados. No es apto para personas hiperactivas, ya que acelera todo sentimiento y pensamiento, en cuyo caso podría resultar delicado. Funciona bien en quienes tienen la mente fría y nervios controlados o en personas faltas de carácter. Trabaja sobre todo con el intelecto y con los aspectos racionales en la vida. Ayuda a despertar la creatividad. No se debe recurrir a él cuando se busquen directivas sobre temas del corazón porque sus respuestas al respecto suelen ser de frialdad. Combate con rapidez migrañas, dolores de cabeza, rinitis y sinusitis (basta colocar el cristal sobre la cabeza o la frente donde se concentra el dolor y mantenerlo en contacto con la piel durante 10 o 15 minutos). Mejora el rendimiento sexual, el trabajo del sistema inmunológico y promueve la fertilidad, por lo que resulta muy útil cuando se quiere tener un hijo prontamente.

Mimetita: infunde coraje para afrontar la vida. Induce estados de soledad, al ayudar a la persona a pasar tiempo consigo mismo. Facilita el autoanálisis cuando se busca combatir defectos personales y el descubrimiento de las propias necesidades emocionales, espirituales e intelectuales que por su ajetreado ritmo de vida no ha podido explorar. Facilita la concentración, mejora la comunicación entre equipos de trabajo y desarrolla el liderazgo. Dado que combate vértigo y mareos, se recomienda para corredores de autos o personas que viajan en carretera constantemente. Ayuda a mantener la calma a pesar de los problemas, facilita la renuncia a ideas falsas y a pensamientos limitantes que autosabotean. De energía fuerte, no debe utilizarse más de diez minutos cada tres días.

Piedra de sol: cristal del desapego, enseña a soltar ataduras emocionales, materiales, espirituales o mentales y promueve el movimiento, por lo que se asocia con viajes de larga duración. Elimina fugas energéticas en el aura, y depura y equilibra los chakras sin previa programación. Obtiene mejores resultados cuando se trabaja con un herkimer, amatista, citrino, cuarzo rosa y labradorita. Idóneo para la renovación, genera cambios casi inmediatamente después de su llegada a la vida del ser. Aleja energías residuales, crea una barrera energética y repele entidades energéticas ligadas con el bajo astral, impidiendo que entren en contacto con el ser que la posee. Facilita la comunicación con seres de la naturaleza, con lo que resulta más sencillo escuchar los mensajes de los árboles. Estupendo sanador cuando se deja 48 horas a baños de sol y luna en un recipiente transparente o blanco de cristal sumergido en agua limpia. Combate la depresión y mejora el desempeño del aparato digestivo.

Topacio naranja: canaliza a la vida cotidiana energías que fomentan el desarrollo del amor. Combate la timidez, ayuda a expresar las ideas dejando atrás los temores. Se aconseja cuando se solicite un crédito, un aumento de sueldo o un empleo para el cual hay muchos candidatos. Infunde seguridad y calma, y ayuda a que el dinero no se escape de las manos. Combate dolores de cabeza.

Wulfenita: armoniza el cuerpo etérico. Genera claridad mental y es recomendable al afrontar épocas de confusión mental. Ayuda a implementar el orden induciendo a reorganizar la vida de forma más funcional. Útil para acomodar los pensamientos y los objetos, para mantener la disciplina y el orden en espacios, ideas y relaciones. Desarrolla la conciencia física e infunde creatividad.

Cristales rosa

Maestros asociados: Lady Rowena y Pablo Veronesse

Aspectos y beneficios

Trabajan el amor, la bondad y la humildad. Cristales de la compasión y la sanación de emociones o de enfermedades cardiacas. De energía muy suave, funcionan bien bajo estados de alteración como angustia, desesperación, intenciones suicidas, desesperanza, angustia y falta de energía. Facilitan relaciones constructivas depurando y terminando las destructivas. Ayudan a sobreponerse de la muerte de seres queridos, a sanar el dolor tras rupturas de relaciones sentimentales. Infunden calma y bienestar, y ayudan a nivelar y estabilizar los sentimientos.

Cuáles son

Cobalto	Cobalto calcita	Cobalto dolmita

Cristal de roca rosa	Hematita	Organovaite
Cuarzo rosa	Hemimorfita	Rodonita
Cuprian	Jacinto	Rodocrosita
Epidoto	Kolwezita	Rubelita
Eritrina	Kunzita	Serandita
Esferocobaltita	Kutnahorita	Thomsonita
Estibilita	Magnesita	Thulita
Fluorina	Microlita	Turmalina rosa
Fluorita rosa	Morganita	Zafiro rosa
Halita	Ópalo rosa	Zoisita rosa

Cobalto calcita: ayuda a descubrir talentos ocultos. Facilita y garantiza el éxito de cambios de profesión. Aleja malos recuerdos de la vida del ser y ayuda a encontrar nuevas alternativas en la vida. Útil para desarrollar compañerismo y minimizar el egoísmo. Favorece la desvinculación tras las rupturas emocionales bendiciendo el camino de ambos miembros de la ex pareja. Otorga claridad de pensamiento y claridad emocional, y ayuda a perdonar y superar los propios errores. Infunde inspiración y sosiego. Elimina dolores de cuello, espalda y hombros, para lo cual se requie-

re programarlo y pasarlo suavemente a milíme-
tros de distancia de la piel, sin tocarla.

Cobalto dolomita: facilita la elocuencia y
desarrolla la palabra. Ayuda a encontrar emociones perdidas atrayéndolas al presente con
nuevos bríos. Facilita la aceptación social ante
un nuevo entorno laboral o escolar. Sirve para
estar más receptivo a buenas compañías y ale-
jarse de las que podrían resultar nocivas. Elimina el interés por el pasado, por lo viejo y por malos momentos vividos, lo que hace que expulse
el dolor atrapado en el corazón desde vidas anteriores hasta la presente. Combate arritmias
cardiacas, calma el dolor y ardor de piernas, y
favorece la absorción de nutrientes. Activa la
limpieza de los órganos internos alterando su
vibración habitual, lo que les permite expulsar
mayor cantidad de toxinas. Relaja los nervios
y reduce el estrés. Bajo programación, ayuda a
adelgazar si la colocas sobre el ombligo y con
tus propias palabras le pides que elimine todo
residuo de grasa abdominal.

Cuarzo rosa: los atributos y beneficios de este
cristal se describen en la sección "Los cuarzos y
sus tipologías".

Halita: es un cristal que prefiere trabajar solo
y tiene el poder de la sanación. Aleja las malas
vibraciones, protege al ser y los campos electro-

magnéticos del lugar donde se encuentra. Ayuda a encontrar nuevos motivos para iniciar cambios drásticos en la vida, afrontándolos y sanando los aspectos imperfectos que han causado bloqueos. Sirve para poner las cosas en movimiento y facilitar traslados, cambios laborales y viajes. Es el cristal de los ajustes, ya que continuamente produce ajustes en la vida del ser. Ayuda a conectarse con la ley de atracción, para lo cual debe trabajarse con fines nobles, pues de lo contrario puede causar lecciones karmáticas.

Kunzita: este rarísimo y muy potente cristal alivia y genera calma, ayudando a restaurar el sistema nervioso; por esto es muy útil para controlar estados de histeria, ansiedad o angustia. Ayuda a entender y expresar sentimientos reprimidos haciéndolos surgir para ser sanados y equilibrados. Útil para quienes se preocupan por los demás sin recibir cariño o gratitud; es el cristal de las personas sacrificadas. Facilita óptimos resultados en meditación. Reduce eficazmente los niveles de estrés. Recomendable para ejecutivos y abogados. Protege al organismo y las emociones, aleja ondas negativas en lugares masivos y fortalece el campo energético trabajando con el aura y los chakras. Desarrolla confianza e inocencia, permite comprender el porqué de una situación de maltrato físico, mental o emocional, sana el autobullying, ayuda a que el ser se sienta fuerte y logre cambiar su vida hacia un rumbo más constructivo. Abre el corazón al amor atrayendo al alma gemela, pero sólo lo hace si de verdad es el instante perfecto para el rencuentro de estas almas. Ayuda a hacer crecer el amor, el altruismo y la percepción, así como a otorgar el autoperdón para que el ser logre dejar atrás sus errores libre de toda culpa pero recordando la lección.

Rodocrosita: facilita el entendimiento entre personas ante conflictos, por lo que es útil para juicios y divorcios. Induce el desarrollo espiritual y genera tolerancia hacia los defectos propios y de otros. Muy recomendada para combatir los traumas infantiles, es de gran ayuda en terapias familiares, personales o infantiles. Ayuda a purificar los pensamientos y equilibra el intelecto con el espíritu. Restaura la armonía, infunde paz, amor y bondad, y mejora la relación familiar. Favorece la expresión de sentimientos e infunde amor. Combate el cáncer, enfermedades del hígado, insomnio y depresión. Brinda energía al cuerpo y al espíritu. Purifica la sangre, elimina hongos en las uñas y facilita la cicatrización de heridas. Útil para combatir todo tipo de enfermedades y mejorar la calidad de vida.

Thulita: protectora, sana relaciones mientras exista amor entre los miembros de la pareja. Combate y minimiza los celos, ayudando a generar confianza en ellos. Trabaja el respe-

to en relaciones hasta lograr sanarlas. Combate envidias transmutando energías negativas y
transformándolas en luz universal. Produce paz
espiritual, elimina estados de ansiedad, mejora la concentración e infunde amor. Promueve
el desarrollo intelectual y el ingenio, y estimula el
desarrollo espiritual. Alienta la expresión de la
pasión y el deseo sexual de manera positiva,
ayudando a estrechar el vínculo en las parejas
(no obstante, no funciona para este fin cuando
se trata de bajas pasiones, historias de amantes
de conveniencia, historias sexuales que se pretende esconder o todo tipo de relación sexual im-
propia). Otorga lecciones karmáticas a quien pretende utilizarlo de modo egoísta, convenenciero o
para dañar a terceros. Combate la depresión y
enfermedades de garganta, de vías respiratorias
y bronquitis.

Zafiro rosa: facilita el rencuentro con el alma
gemela y ayuda a gestar el éxito en las relaciones
cuando es ofrecido como anillo de compromiso en
lugar del diamante (esto siempre y cuando se tra-
te de un matrimonio de amor y no de conveniencia; de ser de conveniencia, sólo causará lágrimas
y lecciones karmáticas). Ayuda a aceptar y respetar los propios sentimientos. Cristal de bondad,
provoca que el ser la derrame hacia toda forma
de vida. Unifica el pensamiento y los sentimientos
para alcanzar nuevas metas. Ayuda a terminar, a

cerrar ciclos en paz a los seres que están por morir y transmite calma a su familia sanando el dolor causado por la inminente partida. Atrae buena suerte si una mujer lo lleva colgado o en el dedo en el momento del parto. Este cristal ayudará a alcanzar prontamente la felicidad del bebé y a ser una persona nacida con buena estrella. Previene de enfermedades cardiacas.

Cristales cafés

Maestro asociado: Gaia, la madre Tierra

Aspectos y beneficios

Ayudan a conectarse con la realidad, siendo objetivos al evaluar situaciones y relaciones personales, familiares, sentimentales, etc. Ayudan a equilibrar lo espiritual con lo material. Viene bien llevar uno en procesos de arraigo. Atraen la prosperidad.

Cuáles son

Apatito café	Bastnaesita	Cowlesita
Aragonito	Bauxita	Creedite
Aragonito café	Blenda	Cuarzo ahumado
Axinita	Calcita	
Barita	Chabazita	Cuarzo citrino
		Desclozita

Diamante café	Inesita	Mottramita
Epidoto	Lusatita	Orbicular
Espesartina	Madera fosili-	Rodocrosita
Faujasita	zada (es made-	Siderita
	ra pero posee	
Fluorita	las mismas	Turmalina
Granate	capacidades	Vanadinita
	energéticas)	
Hematita		Vesubianita
	Mica	

Aragonito: desarrolla la paciencia. Mejora el poder de concentración y los resultados durante la meditación y visualización. Trabaja con temas relacionados con la reencarnación y ayuda a ahondar en ellos para obtener respuestas sobre traumas de vidas pasadas. Hace aflorar la creatividad y promueve la sanación emocional y espiritual. Trabaja con problemas vinculados con el primer chakra, mejora la relación entre padres e hijos, infunde sensaciones de paz, bienestar y armonía en el hogar, ayuda a superar la pereza y a trabajar por los objetivos. Sirve para rescatar relaciones sentimentales y familiares, y sanarlas desde nuevos fundamentos. Aconsejable para hombres y mujeres casados, afianza las relaciones. Combate problemas de dientes, huesos y dolores relacionados con el calcio, mejorando la absorción de éste. Termina con escalofríos derivados de fiebre y mejora procesos de recuperación.

Axinita: protege contra radiaciones y elimina energía negativa. Combate envidias y hechizos, y brinda ayuda para encauzar la vida constructivamente. Ayuda a dejar atrás las lágrimas y el dolor en el corazón durante la existencia del ser. Útil para trabajar con niños. Ayuda a enfocarse en las debilidades y convertirlas en fortalezas, atender sus necesidades sin encerrarse en sí mismos o sin mirar sus emociones como algo banal. Aleja energías negativas que se dirijan hacia el ser, transmutándolas en luz y en amor antes de que puedan afectarle.

Blenda: cristal del perdón, ayuda a otorgarlo y solicitarlo sanando relaciones a profundidad y los resentimientos vinculados con estos dolores. Útil para perdonar actos de violencia, abuso psicológico, físico o sexual y traición, abandono e incluso asesinato, induciendo a la misericordia hacia los seres que han herido al ser. Ayuda a cambiar la mala suerte por buena suerte y aleja malos pensamientos. Reconcilia a las partes tras discusiones y ayuda a recobrar el buen andar de relaciones personales. Se trata de un cristal de la justicia, ayuda al ser a que la vida, su desempeño laboral y la sinceridad –en caso de existir– en las relaciones personales le hagan justicia. Ayuda a ver el futuro atrayendo sueños premonitorios, para lo cual hay que colocarla abajo de la cama.

Cuarzo citrino: los atributos y beneficios de este cristal se describen en la sección "Cristales que no deben faltar en tu hogar".

Granate: cristal de protección. Infunde fuerza personal para defenderse de ataques verbales o físicos ante injusticias, otorga coraje, energía y deseos de trabajar. Fortalece el campo áurico y crea un escudo generando vibraciones positivas que alejan toda energía negativa o residual. Es particularmente útil como protección contra robos y fraudes. Refuerza vínculos entre las parejas y las ayuda a relacionarse mejor y a estrechar aún más su vínculo. Elimina creencias falsas y limitantes. Apoya para reconstruir una nueva vida cuando se ha perdido todo. Mejora la función sexual, aumenta el deseo y ayuda a combatir problemas de disfunción eréctil. Inicia un proceso de rejuvenecimiento de la piel y regeneración celular. Purifica la sangre y aumenta la resistencia corporal cuando se hace ejercicio o cuando el ser ha pasado días sin dormir. Inyecta vitalidad en la vida cotidiana.

Madera fosilizada: si bien no es un mineral, posee las mismas cualidades energéticas y metafísicas que cualquier cristal. Ayuda a transportar y tener acceso a información de vidas anteriores que se encuentra resguardada en las memorias celulares, en las cuales permanece dormida, así como a la resguardada en los registros akáshicos. Buena conductora de recuerdos de otras vidas, ya que revela situaciones que deben ser trabajadas por el ser en la vida presente para evitar repetir errores de antaño. Facilita la comprensión ante nuevos temas de trabajo o estudio. Combate la soledad en quienes no la soportan, ayudándoles a aprender, a fluir en ella y a mirarla como área de oportunidad, no como una prolongación de su pesar. Colocada en la habitación a la hora de meditar, representa un gran aliado para lograr este proceso y cuidar del cuerpo físico mientras el alma se encuentra en la meditación. Combate injusticias y repara. Ayuda a conectarse con Gaia, la madre Tierra.

Vanadinita: restablece la armonía y limpia el campo energético. Combate enfermedades, sean físicas, mentales o espirituales. Sana desequilibrios energéticos causados por enfermedades, depresiones y enojos. Buscando siempre el punto central del ser, potencia su campo magnético. Protector, corrige los cambios negativos en cuerpo y alma, y combate drogadicción, alcoholismo, tabaquismo y el abuso de café. Ayuda a hacer frente a los problemas, malas rachas y aprovechar las decisiones que son correctas. Protege de actos de violencia. Induce el restablecimiento de la armonía del centro energético y libera de interferencias y energía negativa. Mantiene estados de salud física y mental, informando al ser si existen peligros potenciales relacionados con órganos, para ayudarle a comprender que es necesario efectuar estudios médicos. Combate enfermedades cardiacas, asma y padecimientos como bronquitis, traqueobronquitis, rinitis, etc. Es importante aclarar que contiene vanadio y es tóxica. Una pieza de vanadinita puede estar acompañada de partículas de arsénico, aunque no es una regla forzosa; en caso de carecer de arsénico puede no ser nociva en función del porcentaje de vanadio que posea y de los demás elementos que lo complementen. Hay que tener sumo cuidado al manipularla: se aconseja usar guantes, mantenerla en un recipiente aislado y herméticamente cerrado, y no adquirirla en caso de tener niños y animalitos en el hogar.

Cristales negros

Maestros asociados: el propio Universo

Aspectos y beneficios

Los cristales negros combaten la negatividad y eliminan hechizos. Sanan recuerdos traumáticos y ayudan a aceptar la realidad. Trabajan el autocontrol, desarrollan capacidad y poder. Son óptimos protectores durante viajes astrales. Ayudan a transformar energías negativas en positivas, estando especialmente indicados para combatir miedos y limpiar ambientes cargados de energía negativa. Su energía es muy fuerte, por lo que no conviene tenerlos en el interior de la casa o en la recámara, ya que causan pleitos, angustia e insomnio. No se recomienda usarlos en personas agresivas, instintivas, egoístas, manipuladoras o depresivas, ya que sólo agravarían dichos estados en ellas. En el caso de la turmalina negra, además del color, su estructura interna propicia la transformación de las energías negativas.

Cuáles son

Acantita	Corindón	Ilvaíta
Albandita	Cuarzo negro	Jamesonita
Antifonita	Descloizita	Magnetita
Antracita	Dufrenita	Manganita
Azabache	Epidoto	Marmatita
Azurita compuesta	Esfalerita	Obsidiana
	Ferberita	Shungita
Bixbita	Gaudefroyita	Todorokita
Calcedonia	Goethita	Turmalina
Casiterita	Hematita	Vivianita
Celestina	Hubernita	
Cerusita	Ibarita	
Cinnabar	Ilumenita	

Antracita: brillante, con una tonalidad negro azulado, destellos metálicos y aspecto similar a la galena, es un mineral muy escaso y bello. Cristal de gran nobleza, no requiere de programación para saber qué áreas debe sanar en la vida del ser. Usado para producir calor, transmutador, energético de energías residuales por excelencia. Por su fragilidad, no se puede limpiar, a lo sumo con incienso al pasarlo cerca del cuerpo del cristal. Útil para reconectarse con las emociones, infunde amor en personas que se encuentran en su entorno y promueve creatividad en las artes. Colocada junto a una jarra de agua herméticamente cerrada, sin introducirla en ella, energiza el agua para beber, aportando vitalidad y seguridad al ser. Ayuda a purificar la energía si se coloca junto a la bañera durante el baño diario. Combate el insomnio.

Azabache: tiene una vibración muy alta con gran poder energético. Si se trabaja en su presencia con decretos, visualizaciones, mantras o meditaciones o cualquier otra herramienta metafísica, maximiza resultados y acorta los tiempos de espera para apreciarlos. Protector contra envidias, transmuta energías negativas, ayuda a eliminar miedos y defiende contra la violencia, por lo que es muy útil llevarla consigo si se vive en zonas de alta delincuencia o si los horarios laborales no son los óptimos. Ayuda a tomar acciones asumiendo el control de la propia vida. Ayuda a estabilizar las finanzas si se guarda junto con una pieza de jade verde o una pirita. Auxiliar para atraer dinero y abrir las puertas a la riqueza, siempre que no se tenga un karma asociado con el dinero (en este caso, de todas maneras mejorará el flujo de ingresos); para este fin se coloca en el lugar donde se guarda el dinero, la chequera, estados de cuenta bancaria o recibos de nómina. Útil contra la necedad, ayuda al ser a entrar en razón. Combate problemas asociados con la gota, el insomnio y, en general, cualquier enfermedad.

Epidoto: cristal asociado con la sanación física de quienes no tienen ganas de vivir. Ayuda a prevenir suicidios y autolaceraciones. Facilita la percepción y el acceso a información procedente de altas esferas de luz y seres superiores. Erradica crítica y chismes, tanto en el ser como de los demás hacia él. Ayuda a desarrollar poderes mentales de forma exitosa. Mineral muy noble que se desvive por ayudar a sanar a enfermos; se recomienda colgarlo de su cuello o muñeca durante el padecimiento. Combate diabetes, varicela, rubeola, sífilis y problemas relacionados con infecciones cutáneas. Ayuda a terminar con problemas de tiroides.

Ilvaíta: cristal del poder, ayuda a gestar ideas lucrativas para beneficio del ser. Cristal muy escaso, bastante desconocido y de precios elevados, aparece en la vida del ser cuando éste se encuentra listo para recibir la cosecha de sus esfuerzos que han quedado sin ser premiados en varias vidas. Produce un salto evolutivo. Sumamente protector contra energías residuales, ataques mentales y físicos o accidentes, devuelve al emisor toda maldad que pretenda lanzar hacia quien lo posee y lo cuida. De energía fuerte y masculina, aporta conocimientos trasportando hacia el ser información de altos planos astrales y otros confines del universo. Muy celoso, no gusta de recibir atención por parte de seres que no sean los elegidos por ella, no todos sus discípulos son premiados con su preciado don. Es tan fuerte que puede desprogramar a otros cristales, incluso a maestros, cuando se siente traicionado por ellos, o cuando ha actuado erradamente o ha sucumbido a la ambición. Misterioso, gesta milagros insospechados en la existencia presente y ayuda a sanar toda injusticia que el ser haya sufrido en varias vidas. Trabaja aproximando en relaciones de amor a quienes se encuentran alejados físicamente por la muerte o por la distancia física. Es muy temperamental y rígido, no perdona fácilmente los errores y sus enseñanzas deben seguirse al pie de la letra; de lo contrario, emite duras lecciones. Ayuda a sanar el alma y a terminar con pensamientos limitantes y autosabotaje. Purifica riñones, páncreas, estómago y sangre. Precaución: puede generar ambición desmedida hacia posesiones materiales, por lo que sólo puede ser utilizado por seres muy evolucionados, almas viejas que se encuentran en su última existencia.

Obsidiana: es una estupenda protectora que promueve la justicia, permitiendo que llegue a la vida de quien la posee. De gran utilidad en terapias de regresión a vidas pasadas, facilita el acceso a información necesaria para sanar traumas kármicos y memorias celulares imperfectas relacionadas con vidas anteriores. Combate la depresión, la tensión mental y dolores musculares. Desintoxica y frena o minimiza hemorragias. Sin embargo, no debe mantenerse dentro de la casa porque produce insomnio; siempre deberá estar guardada en jardines o terrazas, afuera de la ventana o en estacionamientos. En último caso, si no se cuenta con un lugar externo en el cual mantenerla, lo mejor será dejarla en el baño, pero uno que no esté en uso y cuya puerta siempre deberá estar cerrada.

Shungita: mineral nativo de Rusia en vías de desaparición, pues en doce años se habrá terminado la veta de extracción. Pertenece a la familia del carbón. Elimina toda negatividad al absorberla y transmutarla, impidiendo que afecte al ser. Elimina ondas electromagnéticas relacionadas con teléfonos celulares, computadoras, microondas, etc. Reactiva la inteligencia celular. Mineral muy arcaico, se autopurifica de energía residual, no requiere baños para ello, aunque se puede efectuar un baño de sol o luna una vez por mes. Equilibra la energía del ser, desarrolla y mejora la conciencia, y es una compañía óptima cuando se busca emprender un camino evolutivo serio. Elimina dolores musculares. Combate radicales libres, antioxidantes y mejora la piel. Es un sedante y antihistamínico natural, y combate el estrés. No debe aplicarse en heridas abiertas. Acelera el proceso de sanación, mejorando la salud en pacientes con epilepsia, armoniza ambientes evitando pleitos en el hogar. Ayuda a recuperar fuerzas perdidas por enfermedad o depresión. Combate el cáncer y equilibra el metabolismo. Precaución: no se debe beber agua de shungita, ya que el mineral puede desprender partículas al contacto con el agua que resultarían dañinas para la salud. El agua así preparada puede ser radioactiva.

Cristales plateados y dorados

Maestros asociados: Dios

Aspectos y beneficios

Los cristales dorados y plateados potencian las ondas de resonancia de los demás cristales. Trabajan bien los aspectos económicos y los relacionados con proyectos de bienes y servicios. Sirven para generar orden intelectual y para romper ideas limitantes y patrones mentales errados que se asocian con la escasez económica.

Akari Berganzo

Cuáles son (cristales plateados)

Arsenopirita	Hematita	Pirolusita
Eskuterudita	Magnetita	Proustita
Gahnita	Mispiquel	Rutilo
Galena	Molibdenita	Wolframita
Gersdoriffita	Pirita	

Arsenopirita: sube vibraciones de los cristales que estén próximos. Induce y potencia la reflexión mental, ayudando a replantearse la existencia y los objetivos establecidos hasta el momento. Ayuda a volver al pasado para entenderlo y sanarlo. Multiplica la vibración asociada con la realidad y ayuda a quienes puedan ver ésta con claridad. Es eficaz para trabajar durante la meditación cuando se busca un fin específico. Apoya para conectar con información relacionada con otros seres vivos pertenecientes a otros planetas. Precaución: la arsenopirita es vzenenosa, debido a su contenido de arsénico. No debe utilizarse para preparar agua energizada ni colocarla dentro o cerca de la boca. Es importante tocarla únicamente con guantes desechables, de preferencia conservarla en un recipiente de vidrio herméticamente cerrado y no dejarla al alcance de niños o animalitos.

Gahnita o espinela: cristal raro y precioso, difícil de encontrar. Ayuda a desarrollar la honestidad en los ambientes que frecuenta el ser que lo posee, a quien guía indicándole qué asuntos debe resolver para alcanzar su propia esencia y conduciéndole a alcanzar el éxito que tanto anhela. Apoya para dejar atrás las preocupaciones inútiles al intentar satisfacer las imposiciones sociales en busca de ser aceptado. Útil para revelar información en sueños. Transmite fuerza para luchar por sueños y proyectos. Ayuda a superar pérdidas económicas, de bienes, de poder o jerarquía, y facilita la comprensión de los procesos y los cambios asociados con ellas. Trabaja combatiendo enojo, decepción y frustración. Permite sobrepasar la propia realidad sin perder el espíritu de lo que realmente se es. Relaja el estómago tras recibir una mala noticia o hacer un coraje, con lo que minimiza el riesgo de padecer colitis nerviosa. Combate los dolores estomacales.

Galena: mejora la retención numérica, desarrolla la memoria, facilita el aprendizaje y la retención de información; muy recomendable para estudiantes en exámenes. Es un cristal muy frágil y hay que tratarlo con sumo cuidado, ya que el simple contacto puede causar pérdidas de fragmentos. Sirve para aterrizar después de efectuar la meditación Merkaba. Ayuda a olvidar la necedad y a ser más tolerante ante seres con este defecto. Auxiliar para resolver problemas, mejora capacidades mentales y ayuda a utilizar una mayor capacidad cerebral. Sirve para salir de situaciones escabrosas si el ser fuera realmente inocente; de lo contrario, ayuda a que éste reciba su lección. Combate la fiebre.

Eskuterudita: purifica y reordena el ADN corrigiendo desajustes presentes. Ayuda a liberarse de ideas limitantes y patrones mentales de autosabotaje, y desarrolla la imaginación. Brinda información valiosa para el ser mediante los sueños, para lo cual debe colocarse debajo de la cama. Genera la reconexión con Gaia, la madre Tierra. Induce amor y ayuda a interrelacionarse mejor y fomenta la comunicación sobre todo en personas tímidas. Útil para encontrar soluciones ante problemas y concretar proyectos asociados con el desplazamiento. Desarrolla la adaptación y ayuda a soltarse a las personas que viven en patrones muy rígidos y no se permiten diversiones o cambios en su vida. Bendice los inicios de ciclos, como cambios de trabajo o de colegio, o mudanzas a una nueva ciudad o a otro país; induce al desapego. Se recomienda utilizarla por corto tiempo para evitar perder la conexión con el aquí y el ahora. Trabaja la inseguridad, reconecta al ser con la ingenuidad y promueve la bondad y la alegría. Indica el camino correcto para alcanzar el bienestar en las tomas de decisiones. Produce amor incondicional de modo expansivo. Conecta con el yo superior desde el ADN y trabaja para solucionar trastornos o disfunciones relacionadas con éste. Precaución: la skutterudita es tóxica, dado que contiene partículas de arsénico; no debe dejarse al alcance de niños o animalitos ni tampoco colocar cerca de la boca, mucho menos directamente en la boca.

Cuáles son (cristales dorados)

Ágata	Cuarzo con inclusiones	Marcasita
Alargento		Niquelina
Arquerita	Cubanita	Oro
Astrofilita	Diamante	Oschelansber-gita
Calcita compuesta	Estaurolita	
	Gaidonnayit	Pirita
Calcopirita compuesta	Germanita	Tetraedita
	Kongsbergita	

Astrofilita: ayuda a conectarnos con el mundo astral, se aconseja para personas desorientadas que no saben qué hacer con su vida. Aporta claridad mental y aumenta la capacidad de análisis. Infunde coraje y libertad de expresión. Promueve experiencias metafísicas fuera del cuerpo y el desprendimiento consciente de mente y espíritu. Útil para meditar y trabajar con terapias asociadas al niño interior y vidas pasadas, en busca de encontrar el origen de traumas y limitantes que impiden el correcto desarrollo del ser.

Estaurolita: ayuda a equilibrar la relación con adversarios, y favorece la serenidad y la estabilidad. Ayuda a aferrarse a convicciones ante puntos de vista contrarios. Representa los cuatro elementos. Útil para optimizar el funcionamiento de chakras. Trabaja problemas asociados con la base de la columna vertebral. Asienta el cuerpo y la mente cuando la energía está demasiado activa y dispersa.

Marcasita: infunde optimismo y autoconfianza, combate la timidez y facilita la toma de decisiones. Combate los cálculos renales, la ictericia y el reumatismo. Útil para sanar problemas de piel, como herpes y acné. Precaución: puede lavarse en agua, pero no hay que dejarla sumergida durante mucho tiempo ya que corre el riesgo de sufrir pérdidas parciales.

Pirita: atrae dinero y buena fortuna. Infunde claridad mental y mejora el proceso de aprendizaje, ayuda a retener y comprender mejor la información, por lo que se recomienda para estudiantes en exámenes. Limpia el subconsciente y fomenta el conocimiento de uno mismo y la sinceridad. Aporta bienestar y paz en el hogar. Mejora el sistema digestivo, la producción de glóbulos rojos y la circulación. Calma la ansiedad y combate la frustración y la depresión. Se utiliza desde la Antigüedad para curar la gastritis y los problemas del aparato digestivo.

Los cuarzos y sus tipologías

Los cuarzos conforman uno de los grupos de cristales más conocidos y extendidos en el mundo, los cuales cuentan con un gran poder en su interior.

Aspectos y beneficios

Los cuarzos son muy duros, con un nivel de dureza de siete Mohs. Suelen durar muchos años y difícilmente se dañan, salvo si caen sobre un material fuerte como el granito. Abren portales dimensionales sobre todo en meditación y permiten trabajar regresiones de tiempo en estados de meditación o de hipnosis, o incluso regresiones a vidas pasadas, para sanar recuerdos. Se componen de dióxido de sílice y cristalizan formando prismas hexagonales. Presentan un sinnúmero de variedades. Los colores de la familia de los cuarzos son blanco, gris, pardo, negro, violeta, verde azulado, amarillo y rosa.

Cuáles son

Cuarzo citrino: tiene tonos de amarillo a dorado. Otorga vitalidad y motivaciones, esperanzas en la vida y en el futuro. Mejora las relaciones, aunque, en caso de ser nocivas, induce el valor para terminarlas. Reduce tendencias autodestructivas y eleva la autoestima. Se recomienda a personas que atraviesan por momentos difíciles, ya que aleja el sufrimiento o depresión y ayuda a superar las crisis. Estimula la comunicación entre las personas. Hace que la vibración de un ser humano se llene de seguridad y es de gran ayuda para hablar en público. Alivia problemas estomacales por mala alimentación, estrés o ingesta de medicamentos. Mejora la circulación y optimiza el desempeño del hígado. Mejora el desempeño de los riñones y facilita la digestión. Ayuda a la función linfática y evita enfermedades respiratorias infantiles, las cuales combate exitosamente.

Cuarzo rutilado: tiene filamentos de rútilos de otro mineral en su interior presentes de manera desordenada, que normalmente contienen oro, cobre, turmalina, brookita, plata, etc. La presencia de otro mineral le otorga un poder especial al cuarzo. Fomenta la claridad de pensamiento y promueve el equilibrio en la pareja. Se recomienda para recién casados, dado que ayuda durante el proceso de adaptación y minimiza pleitos banales producidos por viejas costumbres individuales. Ayuda a reconstruir los tejidos dañados en el organismo, acelera la cicatrización de la piel en raspones y heridas, y mejora el funcionamiento de las células.

Cuarzo musgoso: fomenta la sensibilidad, infunde alegría y mejora las relaciones de pareja haciéndolas sólidas y auténticas en emociones; las eleva tanto en vibración como al aumentar la cercanía, la comunicación y la complicidad en la pareja. Aumenta los ingresos económicos. Se recomienda utilizarlo en conjunto con la pirita.

Cuarzo ahumado: posee una gama cromática, desde el negro, el castaño hasta el color oro pasando por los tonos tierra o vino. Trabaja el inconsciente en escritores y otorga ideas nuevas. Fomenta sentimientos positivos, sirve para erradicar el egoísmo haciendo que las personas se preocupen por ayudar sinceramente al prójimo. Depura y equilibra energías que afectan la vibración y genera bloqueos en los chakras, infundiendo así nuevos bríos a la existencia del ser. Hace surgir capacidades que se poseen, pero de las cuales no se está consciente. Sirve para desarrollar la intuición, purifica y equilibra la mente, reafirma la conexión con el chakra del tercer ojo y el cuerpo físico, y cambia niveles de conciencia del ser que la posee. Se utiliza en casos de insomnio y fatiga mental.

Cuarzo blanco: excelente calmante de los bríos infantiles, ayuda a relajar a los pequeños actuando como sedante natural. Neutraliza la sobrecarga energética natural de los infantes. Es buen protector contra la pérdida de energía en adultos y transmite mayor vitalidad a adultos mayores. Valioso para potenciar cualidades de las personas, disminuir los defectos, minimizar intenciones de crítica, bloquear el efecto de comentarios negativos. Si se acompaña de un cuarzo rosa, mejora la comunicación en la pareja, sobre todo tras una discusión o mal entendido. Cura enfermedades provocadas por cambios bruscos de temperatura: rinitis, sinusitis, inflamaciones crónicas de las vías urinarias y otitis. Mejora la circulación linfática. Es un buen diurético y estimula la lactancia. Todo esto lo hace al colocarlo sobre la piel en la zona afectada.

Cuarzo rosa: cristal del amor, junto con el rubí. Crea vibraciones de amor y ayuda a generar una resonancia idónea para quienes buscan atraer una relación sana, estable y equilibrada en el plano emocional. Trabaja como imán que atrae amor; para mejorar el tiempo de obtención de resultados, se sugiere confeccionar un pequeño costalito rosa en el cual se introducen tres hojas de laurel, un rubí en bruto y tres cuarzos, para uso de todo ser humano que sea soltero y busque alcanzar una relación emocional constructiva, estable y feliz. Es un gran promotor del matrimonio y la fertilidad, en cuyo caso se requiere una previa programación en fase de luna creciente. Actúa de forma poderosa sobre el cuerpo, el amor y los sentimientos. Impregna de armonía y paz interior, y posee una gran acción sedante. Es un protector personal, protegiendo al ser que lo posee contra la esterilidad. Mejora la salud del corazón y actúa como regulador del ritmo cardiaco. Útil para hipertensión arterial, taquicardia, opresión torácica, neurosis cardiaca, espasmos, contracturas musculares, cólico abdominal y enfermedades renales. De acción calmante, relajante y analgésica suave. Favorece los sueños premonitorios y aleja los malos sueños.

Cuarzo verde: minimiza defectos del ser. Proporciona vitalidad, equilibra biorritmos y asegura la longevidad. Brinda equilibrio y coordinación muscular, con un efecto antiespasmódico. Se utiliza para la regeneración cutánea en quemaduras. Protege de trastornos intestinales. Promueve la estabilidad mental y emocional, fomentando la evolución espiritual y la prosperidad material. Cura las desdichas y problemas sentimentales. Neutraliza emociones y proporciona confianza y madurez. Favorece la vida hogareña y amorosa, el trabajo y las relaciones con la gente. Representa la acción metódica y pausada. Estimula la paciencia, comprensión y entendimiento. Útil en trastornos de aprendizaje y casos de estrés.

Cuarzo azul: con tonos del azul al índigo, es un cristal de armonía que equilibra la comunicación entre cuerpo, mente y espíritu. Reactiva la capacidad mental agotada por problemas o esfuerzos continuados. Limpia campos energéticos de oficinas, casa, hogares y personales. Recomendado para estudiantes en exámenes o para quienes tengan que realizar tareas en un tiempo récord. Bueno para personas con alto grado de inconformidad y crítica excesiva porque favorece la paciencia, la tolerancia y la comprensión. Ayuda a expresar lo que comúnmente uno no se atreve a decir, depura, descongestiona y funge como analgésico. Útil en cefaleas congestivas e hipertensión craneal. Bueno para infecciones con congestión mucosa como rinitis, sinusitis, otitis y bronquitis. Recomendado en enfermedades intestinales inflamatorias como gastritis, duodenitis y enterocolitis.

Cristal de roca: uno de los más puros a nivel energético, sirve para transmitir, proyectar, canalizar y activar todas las formas energéticas que conocemos. Además, nos trasmite la energía del Cosmos y las profundidades de la Tierra, armonizando y purificando nuestro nivel vibratorio. Proporciona una poderosa armonización de intelecto y espíritu. Su gran poder como emisor-receptor ayuda a desbloquear y a cargar de energía los chakras favoreciendo la circulación de luz por nuestro cuerpo. Elimina la confusión mental y aporta claridad mental. Eleva nuestro espíritu. Potencia el desarrollo de una mente más positiva y poderosa. Estimula la intuición.

Cuarzo Lingam: combate problemas de infertilidad. Otorga suerte y protección para los nuevos negocios y proyectos. Ayuda a mejorar nuestros niveles energéticos, por lo que se recomienda cuando estamos bajos de energía o enfermos.

Cuarzo negro: un cuarzo ahumado pero de tonalidad negra, fue el primer tipo de cuarzo que apareció sobre la Tierra, al enfriarse el magma volcánico. Esto multiplica hasta mil veces el poder de cualquier otro cristal, sobre todo aquel asociado con otro cuarzo. Mejora la salud induciéndonos una nueva conciencia y una mejor forma de vida y de alimentación. Elimina todo hechizo maligno y energía residual. Ayuda a desarrollar sabiduría en la vida. Combate y elimina las intenciones suicidas. Limpia el aura y ayuda a conectarnos con otras dimensiones energéticas astrales. Combate asertivamente la timidez, ayudándonos a tener más fuerza de voluntad e incrementando nuestra autoconfianza. Fiel compañero, apoya a aquellos abatidos por la soledad cuando no saben sobrellevar ni disfrutar de este estado, y les otorga esperanzas. Purifica y estabiliza en casos de depresión, miedo, pánico, insomnio y fatiga. Posee capacidad regeneradora y es un poderoso relajante de alta velocidad muy recomendable para hacer dormir profundamente a los enfermos. Trata afecciones del estómago, colon y recto.

Herkimer: poderoso y misterioso cristal caracterizado por su pequeño tamaño y su terminación en dos puntas, una a cada lado. Resulta un excelente canalizador y emisor de mensajes entre el mundo físico y el alto astral. Algunos lo consideran un cuarzo más, en tanto que otros, por su calidad, dureza, refracción, brillo, pureza y escasez, lo consideran un diamante de otro tipo. Otorga confianza, armonía, tranquilidad, fortaleza, y claridad mental y emocional. Ayuda a trabajar asertivamente durante viajes astrales, viajes en el tiempo. Con su ayuda se pueden abrir portales dimensionales, acercarse a las enseñanzas que debemos recordar producto de vidas anteriores. Uno de los cristales más poderosos que existen, posee grandes capacidades energéticas, desarrolla las capacidades mentales y la creatividad por esta dualidad de pensamiento racional y libre. Limpia y restaura el campo energético del ser humano, ayuda a expresarse con amor y buscar la esencia más auténtica en la propia existencia. Equilibra eficazmente al ser ante épocas de crisis emocionales, o bien cuando éste está expuesto a sobresaturación laboral. Induce la clarividencia y la telepatía, conecta con dimensiones superiores, promueve la comprensión y elimina los bloqueos que impiden el crecimiento espiritual. Útil para aceptar el final de los ciclos y quedarnos en paz con ellos, limpia campos electromagnéticos del cuerpo, corrige problemas y trastornos del ADN. Protege de radioactividad y disminuye las posibilidades de padecer envenenamientos por alimentos en mal estado. Mejora el funcionamiento del metabolismo y combate toda enfermedad, para lo cual hay que utilizarlo diariamente.

Cuarzo incoloro: este tipo de cuarzo es uno de los más comunes y menos valorados, aunque representa la luz en su máxima expresión cristalizada. Los más conocidos son los cristales de cuarzo, los cuales tienen distintas figuras geométricas; cuando éstas son triangulares, de modo natural se denominan cristales maestros. Existe una gran variedad de cristales maestros, y cada una posee una enseñanza por expresar a la humanidad.

Guía de cristales para sanación física, mental y económica

Sanación física

En qué ayuda	Cristal(es)
Fortalecimiento de las uñas	Obsidiana, ónix
Relajación	Fluorita
Afrodisiaco	Jaspe rojo
En casos de epilepsia	Actinolita
A adelgazar	Piedra de luna, Topacio, Turquesa verde, Zafiro azul
A regenerar tejidos	Ámbar, Granate
La estabilidad mental	Calcedonita, Carniola
A lograr mejorar la memoria	Casiterita, Herkimer, Diamante, Esmeralda, Hematita, Calcita azul, Citrino
A estimular la mente	Rodocrosita colocada encima de las cejas
En el embarazo	Cinabrio
A facilitar el parto	Geodas Jaspe, Ágata verde, Heliotropo, Crisoprasa, Jade, Olivina Malaquita, Ópalo
A aliviar problemas asociados con la lactancia	Cuarzo rosa, Cuarzo blanco, Ágata, Calcedonia, Cuarzo, Rutilado

En qué ayuda	Cristal(es)
A mejorar la energía física	Berilo, Calcita, Circón rojo, Espinela, Ojo de tigre, Piedra de sol, Rodocrosita, Selenita, Turmalina roja
A fortalecer el sistema inmunológico	Rubí, Estilbita, Aragonito, Crocoíta
A fortalecer los huesos	Obsidiana, Azurita, Calcita, Jade
A combatir trastornos sexuales	Labradorita
A mejorar el desempeño sexual en los hombres	Granate verde, Lapislázuli, Ópalo blanco, Rubí
A desarrollar energía sexual	Circón amarillo, Cornalina, Granate, Jaspe rojo, Piedra de sol
A cicatrizar heridas	Hematita
A aliviar problemas estomacales	Adamita (trabajar con una fotografía de la adamita solamente)
A aliviar problemas de próstata	Adamita (Trabajar con una fotografía de la adamita solamente)
A aliviar espasmos musculares y nerviosos	Aragonito
A promover la longevidad	Ágata, Ámbar, Fósiles, Jade, Labradorita, Granate, Madera fosilizada
A mejorar el funcionamiento del organismo	Turquesa verde
A mejorar problemas de sangre, páncreas, riñones, estómago	Ilvaíta
A la curación general	Heliotropo
A incrementar la producción de glóbulos rojos	Rubí

Qué combate	Cristal(es)
Problemas de tiroides	Epidoto
Alteraciones del sistema nervioso	Epidoto
Problemas cardiacos	Aragonito
La hepatitis	Heliotropo
La leucemia y contaminación de la sangre	Heliotropo, Alejandrita, Rubí
Enfermedades asociadas con la sangre	Amatista, Granate rojo, Ópalo de fuego, Rubí, Topacio
El cáncer	Bornita, Rodocrosita, Crisocola, Jade
Los tumores	Fluorita verde, Malaquita verde
Tumores malignos	Prehnita
La alopecia	Piedra de luna
Las hemorragias	Crisopasa, Hematita, Cuarzo verde, Zafiro
Las hemorroides	Heliotropo y Venturina
Esclerosis múltiple	Hematita
Los ataques de epilepsia	Granate
La artrosis	Galena, Alejandrita

Qué combate	Cristal(es)
El estado de amnesia	Galena
Espasmos	Esfalerita
La artritis	Malaquita
Los calambres	Esfalerita
Las úlceras	Rodocrosita, Ónice, Olivita, Zafiro, Cuarzo rosa, Piedra del sol o Heliolita, Selenita
El ácido úrico	Zoisita
Problemas de oídos	Ágata verde, Ónix, Ámbar
Infecciones	Ámbar, Amatista, Rubí, Esmeralda, Ópalo, Ónix, Cuarzo ahumado, Lapislázuli, Sardónica
La anemia, anorexia y bulimia	Azurita
La inflamación de glándulas	Aguamarina, Ámbar, Granate rojo, Olivina, Selenita
El asma y los problemas respiratorios	Crisocola, Rodocrosita, Pirita
La gripa y la influenza	Pirita, Selenita
La laringitis	Azurita
Dolores de muelas	Aguamarina, Malaquita, Ámbar

Qué combate	Cristal(es)
Dolor de garganta	Azurita, Berilo, Rodonita, Turquesa, Lapislázuli, Aguamarina, Topacio, Heliolita, Selenita
La fiebre y alta temperatura	Atacamita
La gota	Azabache
Retención de líquidos	Aguamarina, Piedra de luna, Piedra de sol
Malestares asociados con la menopausia	Cuarzo rosa, Fluorita verde, Diamante, Herkimer, Topacio
Síntomas premenstruales	Analcima, Malaquita
El estreñimiento	Rodocrosita
Problemas de fertilidad	Geoda
Problemas de páncreas	Alejandrita, Ágata verde, Calcita, Esmeralda, Ópalo blanco
Dolores de cabeza, migrañas	Malaquita, Fluorita morada, Shungita, Topacio, Sugilita, Ámbar
Migrañas	Topacio, Venturina, Cuarzo rosa, Piedra de luna, Sugilita, Ámbar
Mareos	Lapislázuli, Cristal de roca, Alejandrita, Analcima
Problemas de riñones	Hematita y Prehnita
Dolores de riñones	Esmeralda, Jade blanco, Jaspe, Aguamarina, Calcita, Citrino, Cuarzo rosa, Ónix

Qué combate	Cristal(es)
Dolores musculares o de huesos	Shungita
Dolores de hueso por fractura	Ojo de tigre, Malaquita, Hematita
Problemas de vejiga	Prehnita
Problemas de glándula de timo	Prehnita
Problemas pulmonares	Prehnita
Depresión	Citrino, Ónix, Rodocrosita
Quemaduras	Amatista y Cuarzo rosa
Inflamaciones	Heliotropo, Esmeralda, Granate, Pirita, Malaquita
Problemas de hígado y contaminación de éste por alcohol	Aguamarina, Jaspe, Berilo, Topacio, Magnetita, Citrino, Amatista, Rodocrosita
Problemas pulmonares	Piedra de luna, Lapislázuli, Cuarzo ahumado, Pirita, Rodocrosita, Amatista, Venturina, Ámbar, Topacio rosa
Envenenamiento	Carnelina (colocar en la mano del paciente un cristal y acudir inmediatamente a urgencias en el hospital más cercano)
El insomnio	Rodocrosita, Amatista, Hematina, Lapislázuli, Zafiro blanco, Topacio, Ágata, Azabache, Ónix, Circonita, Piedra de luna

Qué desarrolla o mejora	Cristal(es)
Mejora relaciones de toda índole	Hematina, Jade amarillo, Venturina, Calcita azul, Malaquita, Topacio, Turmalina, Marcasita
Desarrolla la paciencia	Jaspe
Desarrolla magia mental	Lava, Ónice, Zafiro
Desarrolla los poderes mentales	Circón, Esfena, Esmeralda, Fluorita, Venturina, Galena
Desarrolla la inspiración	Crisocola, Cuarzo verde, Labradorita
Desarrolla la voluntad	Diamante
Desarrolla la inteligencia, sobre todo durante el embarazo	Jaspe Sardo
Qué infunde	Cristal(es)
Alegría	Cornalina
Autoconfianza	Barita
Autoestima	Rubí, Labradorita
Tranquilidad	Topacio, Zafiro
Equilibrio	Calcita, Circón, Esmeralda
Paz	Aguamarina, Malaquita, Calcedonia, Calcita, Cornalina, Calomela, Crisocola, Cuarzo rosa, Diamante, Kunzita, Lepidolita, Obsidiana, Rodocrosita, Rodonita, Sardónica, Sodalita, Turmalina, Venturina, Zafiro, Ópalo, Pirita

Qué infunde	Cristal(es)
Seguridad para hablar en público	Wollastonita
Sabiduría	Ámbar, Coral, Crisocola, Jade, Sodalita, Sugilita
Claridad mental	Crisocola, Rodonita, Diamante

Qué promueve	Cristal(es)
La purificación del pensamiento y el cuerpo físico	Aguamarina, Calcita, Cristal de cuarzo, Fluorita verde
La proyección astral	Cuarzo, Turmalina, Ópalo, Esfena, Herkimer
Los viajes astrales	Vanadinita
La adaptación	Aguamarina
La seguridad en sí mismo	Dragonita
Los cambios	Esfena
La fidelidad	Diamante y Herkimer
La felicidad	Olivino, Amatista, Circón amarillo, Crisoprasa, Cuarzo rosa
La toma de decisiones	Chalcatita
La estabilidad emocional	Ágata, Aguamarina, Amatista, Azurita, Berilo, Citrino, Cuarzo, Esmeralda, Labradorita, Lapislázuli, Danburita
La reconciliación	Diamante, Piedra de luna, Selenita
Los cambios	Calcatina

Qué promueve	Cristal(es)
Cambios en vidas que están estancadas	Aventurina (ayuda a implementar aventura y a alcanzar sueños)
La espiritualidad	Bornita, Amatista, Calcita, Diamante, Esfena, Lepidolita, Sugilita
El crecimiento espiritual con prontitud	Celestita
La elocuencia	Celestita, Cornalina, Sardónica
Oportunidades	Ojo de tigre
La justicia	Obsidiana
La suerte	Alejandrita, Ámbar, Azabache, Calcedonia, Crisoprasa, Lepidolita, Ojo de tigre, Olivino, Ópalo, Turquesa
La superación de crisis emocionales	Larimar, Ojo de gato
La protección durante los viajes	Amatista, Calcedonia, Circón naranja, Shungita
Los nuevos comienzos de forma exitosa	Herkimer

Sanación emocional

Qué combate	Cristal(es)
El miedo	Cuarzo rutilado
Pesadillas infantiles	Crisoprasa
Pesadillas en los adultos	Azabache, Calcedonia, Citrino, Lepidolita, Piedra agujereada, Rubí
La angustia	Celestina, Venturina

Qué combate	Cristal(es)
El ego	Lapislázuli
El egocentrismo	Sodalita
Las exigencias desmedidas	Aragonita
Estados de histeria	Marcasita
Celos	Banaritina
Pensamientos negativos	Pirita
Las preocupaciones	Madera fosilizada
Estrés emocional	Crisocola
Estrés laboral	Aventurita, Dragonita, Crisocola, Periodoto
Envidias	Banaritina
Las mentiras	Fluorita
La ira	Anglesita
La inseguridad	Labradorita
La negatividad	Turmalina negra, Obsidiana, Azabache
Bloqueos mentales e ideas limitantes	Zafiro, Malaquita, Pirita
Conecta con las vidas pasadas revelando información	Labradorita, Herkimer, Cuarzo rutilado, Madera fosilizada
Miedos	Citrino, Zafiro, Topacio, Turmalina, Calcedonia, Alejandrita, Amatista, Aguamarina, Granate, Jaspe, Labradorita, Amazonita, Esmeralda, Jade blanco, Obsidiana, Ónix

En qué ayuda	Cristal(es)
A equilibrar las emociones	Unakita
A meditar	Amatista, Geodas, Sodalita, Aventurina, Espinela
A mejorar el carácter	Azurita, Aguamarina
A mejorar la comunicación	Howlita
A superar prejuicios	Ametrino
A superar la angustia y depresión	Apofilita
A superar complejos de inferioridad	Atacamita
A conectarse con vidas pasadas	Madera fosilizada
A terminar conflictos	Septarias

Mejora en varias áreas

Área	Cristal(es)
Económica	Pirita, Periodoto, Calcita, Carbón, Circón rojo y pardo, Citrino, Crisoprasa, Esmeralda, Espinela, Estaurolita, Jade, Madre perla, Ojo de gato, Ojo de tigre, Olivino, Ópalo, Perlas, Piedra de sangre, Rubí, Topacio, Turmalina, Venturina, Zafiro
Éxito en general	Amazonita, Crisoprasa, Esteatita
Éxito en los negocios	Circón amarillo, Malaquita, Piedra de sangre, Turmalina verde, Esteatita, Zafiro
Éxito en el amor	Labradorita, Cuarzo rosa, Herkimer, Diamante

Parte 3
¿Cómo usarlos?

Los cristales son fuerzas vibratorias que irradian ondas expansivas y de rebote. Sin importar qué tipo de fuerza emitan, todos tienen capacidad de sanar y resolver aspectos de la vida con su sola visualización. No necesitas conservar todas las familias de cristales en tu hogar para poder tener acceso a los beneficios que cada uno ofrece. Asegúrate de conocer su composición química para identificar cuáles puedes llevar a tu hogar y cuáles son para trabajar sólo con una fotografía por ser tóxicos o radioactivos.

No hay cristales villanos ni inútiles, sólo aquellos adecuados o no para trabajar una determinada situación. Son poderosos e inteligentes, pero su inteligencia va acompañada de una fuente de poder que no está presente en su forma física sino en el universo. Su campo energético trabaja como catalizador y son responsables de llegar a la vida del ser humano en el momento exacto en que éste los necesita para actuar sobre sus pensamientos y sus emociones.

Cuida tu cristal

◊ Una vez por semana llévalo al exterior a tomar un baño de sol.

◊ Tres días por mes, en fase de luna creciente o decreciente –según se busque programar o desprogramar, respectivamente–, déjalo a baño de luna. Si vas a desprogramarlo, el baño de luna decreciente no deberá de ser de más de 30 minutos en total, es decir, 10 minutos cada día; si excedes este tiempo puedes alterar de manera permanente la vibración del cristal, el cual perderá irremediablemente todo su poderío energético.

◊ Agradece con palabras y caricias a tu cristal cada vez que éste te ayude a eliminar un problema, un mal recuerdo, una emoción negativa o una enfermedad.

◊ Agradécele igualmente si sufre fracturas internas ocurridas al protegerte de un ataque energético dirigido a ti. No tires ni abandones a un cristal fracturado, pues él se ha sacrificado para protegerte. Más bien, sustitúyelo por otro nuevo para el trabajo energético y conserva el fracturado. Agradécele purificándolo en agua mineral, la cual deberás cambiar tres veces. Después, déjalo a baño de sol durante tres días, a baño de luna creciente durante toda esta fase de la luna, para luego guardarlo en una bolsa de terciopelo verde o morado en un mueble cerca de tu cama.

Limpia tu cristal

Los cristales se limpian con agua de rosas o agua mineral, sal marina y baños de sol o de luna.

Dado que absorben más energía residual, los cristales maestros deben purificarse con cuidado como mínimo tres veces por semana. Recomiendo que te imagines en su interior y desde ahí visualices que limpias tu cristal a través del amor; mírate con una pequeña estopa, paño o aspiradora retirando sus impurezas. Cuando el cristal llegue a tu vida, visualízate en su interior para conectarte con tu núcleo, que es el equivalente a su corazón y a su cerebro. Así habrás conectado tu alma y tu ser astral a la energía natural del cristal.

A los cristales maestros les agradan los baños prolongados en congelador, y éste es uno de los métodos de limpieza más fáciles y menos riesgosos. Ahora bien, este tipo de baño no es recomendable para los cristales de composición frágil porque corren el riesgo de sufrir desprendimientos parciales de su estructura molecular.

Purifica tu cristal

Es importante que inmediatamente después de cada sesión de trabajo de sanación purifiques tu cristal. Guárdalo en una bolsa de paño color morado, de preferencia confeccionada por ti mismo. Si el cristal es grande, cúbrelo con una franela; esto permitirá que expulse toda energía residual que haya atrapado durante el día. Los cristales de gran tamaño se autolimpian, para lo cual es ideal darles acceso a un espacio en un entorno externo, como un jardín. Cuando no se le pueda ofrecer esta posibilidad, el paño morado servirá para transmutar cualquier energía negativa residual que haya quedado atrapada en ellos.

Diferentes cristales y con qué purificarlos

Con baño de agua

Ágata	Heliodoro	Ónix
Amatista	Heliotropo	Periodoto
Amazonita	Hematita	Piedra de luna
Aventurita	Herkimer	Pietersita
Berilo	Howlita	Pirita
Caledonita	Jade	Prehenita
Circón	Jaspe	Rodonita
Citrino	Labradorita	Rubí
Crisoberilo	Lolita	Sardónica
Crisoprasa	Mookaita	Sodalita
Cuarzo	Morganita	Tanzanita
Diamante	Mortierita	Topacio
Epidoto	Nébula	Turmalina
Espinela	Obsidiana	Unakita
Estaurolita	Ojo de buey	Zafiro
Estichita	Ojo de halcón	
Granate	Ojo de tigre	

Con baño de incienso

Ámbar	Dioptasa	Lepidolita
Angelita	Dragonita	Limonita
Anhidrita	Escalerita	Livianita
Apatita	Escolecita	Magnetita
Apofilita	Esfena	Malaquita
Astrofilita	Estaurolita	Merlinita
Atacamita	Estivalita	Meteorito
Aurocalcita	Eudialita	Moldovita
Azabache	Fluorita	Moscovita
Azestulita	Fucsita	Okenita
Azufre	Galena	Petalita
Azurita	Halita	Pietersita
Calcita	Hidenita	Pirolusita
Calcopirita	Idocrasa	Purpurita
Celestita	Iolita	Riolita
Cerusita	Jaspe	Rodocrosita
Cianita	Kunzita	Rosasite
Clorita	Lapislázuli	Roselita
Crisocola	Larimar	Selenita

Serafenita	Tektita	Vanadinita
Serpentina	Tenacita	Zeolita
Shatukita	Thulita	Zoisita
Smithsonita	Turquesa	
Sutilita	Ulexita	

Con baño de congelador

Guarda tu cristal en una bolsa de plástico hermética y ponla directamente en el congelador durante dos horas; así expulsará la energía residual de su interior, autodepurándose. Este método funciona bien con la mayoría de los cristales, excepto con cristales o minerales tóxicos para no contaminar los alimentos que guardes en el mismo congelador.

Con baño de luna

Para programar, deja el cristal expuesto a la luna durante una noche en fase de luna creciente. En luna decreciente, el tiempo será de dos horas como máximo para desprogramar una programación previa, nunca toda la noche pues corremos el riesgo de desprogramar definitivamente los poderes naturales del cristal.

Con baño de sol

Deja tu cristal en la ventana o en tu jardín para que reciba los rayos del sol durante todo el tiempo que éstos brillen. Así lo purificarás de energías residuales.

Con baño de sal

En un recipiente limpio y de preferencia de cristal, sin dibujos, coloca sal suficiente para cubrir todo el cristal con ella, y déjalo reposar en la sal al menos dos horas. Si tienes dudas sobre cómo reaccionará tu cristal a la sal, purifícalo mejor con un baño de sol o de luna.

No limpies con baños de sal estos minerales: autunita, azurita, calcopirita, malaquita, rosasita. Todo mineral de la familia del cobre produce una reacción química ante el contacto con la sal.

Con baño de árbol

Deja tu cristal al pie del tronco de un gran árbol por cuatro horas. Si el árbol está en un parque o vivero, permanece todo el tiempo junto al cristal para evitar que lo roben. Este eficiente método de limpieza es recomendable para todo tipo de cristal, pero se aconseja usarlo en un jardín privado.

Evita causar daños a tu cristal

Para evitar daños a tu cristal conoce e identifica el compuesto químico que está asociado con él.

◊ Ámbar: no soporta el fuego, se derrite. Al ser resina, absorbe energía más rápido de lo que su cuerpo puede depurarla.

◊ Hematita: este ser cristalino tiene un gran espíritu de sacrificio en pro de alcanzar su objetivo; por eso es fundamental ayudarlo a depurar toda energía residual inmediatamente después de ser utilizado.

◊ Malaquita: con la sal y el agua marina produce reacción química y se daña.

◊ Okenita: no soporta los baños de agua prolongados ya que destruye su textura.

◊ Jade: no se puede dejar expuesto al sol porque lo daña.

Estos seres cristalinos se vuelven sensibles a las energías negativas o positivas de las personas con quienes conviven a diario o con frecuencia. Dado que se trata de seres más puros, tienen una vibración natural más alta y requieren muchos cuidados durante su uso y almacenamiento.

Programa tu cristal

Tras adquirir un cristal, el primer paso será limpiarlo para después programarlo por primera vez. Ya que se utilice para otorgar sanación de cualquier tipo, será necesario programarlo al menos una vez por semana. Si sólo lo quieres como compañía y ayuda en la reflexión, será suficiente programarlo una vez al mes.

Tómalo y colócalo, de ser posible, sobre la palma de tu mano derecha. En caso de que su tamaño y peso no lo permitan, apoya tu mano derecha sobre él.

Visualiza una luz con el espectro del arco iris, es decir, con todos sus colores; así le permitirás conectarse y afianzar su poderío natural mediante los siete rayos del alto astral.

Visualiza cómo esta luz del arco iris viaja desde el sol, entra a tu interior desde el chakra de la cabeza, recorre todo tu centro energético, esto es, todos tus chakras, y regresa por tu torrente sanguíneo hasta dirigir su poderío a través de tu mano derecha y del contacto físico de esta mano con tu cristal. Visualiza cómo se transmite íntegramente al cristal.

Repite la siguiente programación, tocando o sosteniendo el cristal con tu mano derecha, ocho veces para cristales de gran tamaño y peso, y tres veces para cristales pequeños y ligeros.

Yo soy la luz y el poderío universal que ahora el universo te ofrece purificándote y reprogramándote hacia _____ *(motivo de la programación del cristal: atraer dinero, mejorar la salud, etc. Considera las propiedades curativas y evolutivas que el cristal trae consigo preprogramadas desde su origen, aquellas con las que nació, ya que éste siempre trabajará mejor los aspectos naturales en él).*

Es importante que sea la mano derecha, que es la mano emisora, en tanto que la izquierda será la receptora de las fuerzas universales. La mano emisora y receptora sólo se invertirán en las personas zurdas.

Es importante respetar como mínimo la limpieza una vez por semana de cristales destinados a terapias y a sanación, pero lo ideal es que se les purifique diariamente y cuantas veces se utilicen para estos fines. Si un solo cristal se empleó 10 veces en un día para terapia o sanación, deberás purificarlo esas mismas 10 veces tras terminar cada proceso. Lo óptimo sería tener varios cristales del mismo tipo y de este modo cada uno se intercalaría con sus hermanos del mismo grupo de cristales; así cada uno realizaría una única sanación o terapia por día, no tendría el peso de hacer 10 al día y no llegaría al agotamientos energético.

Trabaja con tu cristal

Una vez que el cristal se extrae de su entorno natural o la temperatura del agua o los niveles de los componentes químicos bajan, este ser dejará de crecer.

Al dirigirte a los cristales maestros hazlo con cierta formalidad, pues requieren ser tratados con cierto protocolo. Por ser de mayor temperamento, si un cristal maestro considera que no ha sido tratado con el meticuloso cuidado debido, puede desactivarse en forma temporal o incluso definitiva.

Cristales masculinos

Tienen un aspecto más tosco en apariencia y se reconocen por sus colores oscuros, de cafés a negros. Estos cristales poseen una energía más fuerte que los cristales femeninos y su cuerpo físico es más pesado que los cristales maestros femeninos. Cuando hayas aprendido lo suficiente sobre seres cristalinos te será sencillo reconocer cuándo se trata de un cristal maestro masculino.

Los cristales maestros masculinos, los primeros en aparecer sobre la Tierra, se conformaron con cambios repentinos y bruscos que dieron origen a la desaparición de especies como dinosaurios. Cuando nuestro planeta se sobrecalentó, surgió la lava volcánica que dio origen a la gran mayoría de estos cristales.

A los cristales maestros masculinos les gusta trabajar los grandes retos y funcionan mejor cuando se les encomiendan misiones casi imposibles, que impliquen el obstáculo de la lejanía y la sanación del corazón y los miedos de quien está lejos. Ayudan a las parejas jóvenes que han perdido un hijo a superar su pena, no sólo evitando que la situación acabe con su relación, sino apoyando para unirlos y fortalecerlos.

No les agrada trabajar con temas de dinero, por lo que para ese tipo de asuntos será mejor que recurras a otro tipo de cristales, por ejemplo, la pirita.

Los cristales maestros masculinos son más indicados para trabajar con la salud emocional que con la salud física. Ya que no es su punto más fuerte, si le encomiendas algo relacionado con la salud física, colócalo sobre la parte enferma del cuerpo, si no hay una herida abierta; de haberla, ubícalo cerca del cuerpo físico del enfermo y purifícalo después.

Solicitudes a los cristales maestros masculinos

Para asuntos de sanación emocional

Yo solicito tu valiosa ayuda e inmediata acción para sanar a _____ *(nombre completo del enfermo)*. Que todo dolor emocional sane ya en perfección para él y para todo ser que se encuentre en la misma situación, desde hoy y hasta que te otorgue una nueva misión. Ésta es ya tu perfecta programación. Así será.

Para asuntos de sanación mental

Yo solicito tu valiosa e inmediata acción para sanar la mente, los pensamientos y las acciones de _____ *(nombre completo del enfermo)*, para que su mente recobre la plena salud mental y vuelva a conectarse con la realidad, sin más dolor y sin postergar más esta sanación. Que este y todos los enfermos logren sanar y con tu gracia universal así será.

Para asuntos de sanación física

Yo solicito tu valiosa e inmediata acción para sanar de esta enfermedad a _____ *(nombre completo del enfermo)*. Para que su cuerpo físico recobre la salud; para que sus emociones, acciones y pensamientos nunca más generen esta u otra enfermedad y así sane ya. Igualmente te pido que sanes a todo ser que requiera la misma acción sanando siempre sus pensamientos, sentimientos y acciones, para que así se erradique definitivamente toda enfermedad en todo ser. Así será.

Cristales femeninos

Se reconocen por tener un cuerpo sutil y liviano, aspecto frágil y colores claros: blanco, rosa, amarillo, verde agua. Son cristales de energía suave y ayudan a trabajar afrontando crisis de toda índole. Ofrecen consuelo ante pérdidas y esperanza tras éstas. Ayudan a salir adelante de situaciones adversas en las que se pierde la fe en la humanidad. Son cristales de aliento y determinación, idóneos para superar intenciones suicidas, óptimos para descargar energías residuales logrando depurarlas con un simple baño de sol, de luna o de agua. Son también magníficos para inyectar energía extra a los adultos mayores, quienes se verán favorecidos con una mayor vitalidad si se trabaja a los cristales diariamente.

Solicitudes a los cristales maestros femeninos

Para asuntos de sanación mental

> Yo solicito a tu femenino ser que sanes las tristezas, el abandono, la angustia, la decepción y el desamor. Que sanes ya el dolor causado por la enfermedad, que sanes toda depresión y retires inmediatamente de _____ *(nombre completo del enfermo)* y de todo ser cualquier intención suicida, toda maldad o intención lasciva o agresiva dirigida a otro ser vivo. Que sanes toda furia reprimida, todo odio heredado, toda intriga, calumnia y desamor. Que ayudes a depurar la maldad y a transmutarla en infinito y creciente amor. Así te pido que emitas una divina y cristalina protección ante todo dolor, así es ésta tu nueva programación que activa ya está hasta que te sea asignada una nueva. Así será.

Para asuntos de sanación emocional

> Yo solicito a tu ser femenino su valiosa ayuda e inmediata acción para sanar a _____ *(nombre completo del enfermo)*. Que todo dolor emocional sane ya en perfección y solicito la misma acción para todo ser que se encuentre

en la misma situación. Que infundas ya esperanza, sosiego y amor a todo ser que afronte
esta situación. Que así sea. Esta programación
activa está, hasta que se te asigne una nueva.
Así bien será.

Para asuntos de sanación mental

Yo solicito a tu ser femenino su valiosa e inmediata acción para sanar la mente, los
pensamientos y las acciones de _____
(nombre completo del enfermo). Que su mente
recobre la plena salud mental, que se reconec-
te en justicia con toda realidad, sin más dolor
y sin postergar más esta sanación. Que este
enfermo y todo enfermo sanen ya, y con tu
gracia universal así bien será.

Para asuntos de sanación física

Yo solicito a tu femenina presencia su valiosa e inmediata acción para sanar de esta enfermedad a _____ *(nombre completo del
enfermo)*. Que su cuerpo físico recobre la salud,
que sus emociones, acciones y pensamientos
nunca más generen esta u otra enfermedad y
que así sane ya. Igualmente te pido que sanes a todo ser que requiera la misma acción,
sanando siempre sus pensamientos, sentimientos y acciones para que así se erradique

definitivamente toda enfermedad en todo ser. Activa está ya esta sanación hasta que a tu divino ser se le otorgue una nueva programación. Así es, así siempre bien será.

Sana con cristales

Un cristal es capaz de sanar dolores físicos en pocos minutos, y sólo en caso de no ver resultados tras 78 horas deberás programar una cita con tu médico de cabecera. Si después de usar un cristal aparece algún dolor, éste estará detonando una alarma para que consultes a un médico, ya que habrá detectado un problema interno que no se ha diagnosticado y puede ser delicado de no tratarse a tiempo.

Actúa con sabiduría, considera que un cristal puede ayudarte a sanar diferentes aspectos pero no es capaz de controlar una hemorragia interna; podría ayudarte a reducirla, si el cristal es del tamaño indicado para ello, pero en este caso siempre se deberá acudir a un médico. Lo mismo ocurre con una apendicitis o una fractura de cráneo.

No sustituyas a un médico con un cristal, pero tampoco debes ignorar ni despreciar la gran capacidad de sanación de este último. Trata a tu cristal como tratas a tu médico y trata a tu médico como tratas a tu cristal: con confianza, respeto y comunicación óptima.

Reglas para la sanación con la ayuda de un cristal

◊ El cristal te ofrecerá un servicio, pero, a tu vez, tú deberás ofrecer un servicio a dicho cristal.

◊ Todo cristal requiere cuidados y tú serás responsable de prodigárselos a este ser.

◊ Si buscas obtener un beneficio relacionado con la salud, programa tu cristal mensualmente.

◊ Para efectos de sanación, el cristal requiere un peso mínimo de 850 gramos, aunque, de ser posible, lo mejor será elegir uno de uno a tres kilos.

Sanación de diversas enfermedades y malestares físicos

Repite las siguientes palabras:

Yo soy el cristal de _____ *(nombre del cristal que se está utilizando)* que penetra en el cuerpo de _____ *(tres veces tu nombre completo o el del enfermo)* actuando ya en perfección, para sanar _____ *(una vez el nombre de la enfermedad)* que está resuelta en el ser de *(nombre completo o el del enfermo)*. Así el cristal que yo soy solicito que este mismo malestar sea perfectamente bien sanado en todo ser, así será.

Sin pretender sustituir la atención médica, para sanar con un cristal se requiere confiar en su poder, sin expresar dudas o atender pensamientos negativos. Para las finanzas, llévalo contigo cuando debas firmar un contrato, cuando solicites un aumento de sueldo o un préstamo, o bien, cuando desees iniciar proyectos.

Sana karma y memorias imperfectas con la apofilita

El cristal de apofilita proviene principalmente de India y su color blanco que parece haber sido glaseado con talco le da un aspecto particular. Es un hidrometal y lo hay de tres tipos: fluoroapofilita, hidroxiapofilita y natroapofilita, todos de la familia de los filosilicatos. Su nombre, de origen griego, quiere decir exfoliarse y se encuentra también en tono incoloro, verde, amarillo, rosa y pardo. Se caracteriza por formar rayas finas en su interior, de aspecto vítreo translúcido o nacarado, rosa o verde.

Al entrar en contacto con el cuerpo humano se enfoca en analizar los traumas resultantes de situaciones karmáticas, detectarlos y evaluar su gravedad. Concentra su energía en trabajar con la glándula pineal y con vértebras de la columna vertebral para desarraigar bloqueos y traumas asociados con existencias anteriores, hasta terminar de purificar traumas y sentimientos vinculados con la existencia actual del ser.

Depuradora karmática por excelencia, la apofilita trabaja erradicando las imperfecciones y su misión principal se centra en proporcionar la sanción karmática que tan urgentemente requiere la humanidad. Es experta en sanar traumas y vibraciones imperfectas de experiencias karmáticas de vidas anteriores, pasando por huesos, células y ADN hasta el alma. Es posible sanar recuerdos de estos traumas con la simple ayuda de una apofilita de gran tamaño; para ello lo único que se requiere es usar su poder natural, sin recurrir a proceso especial alguno. Este cristal desincrusta el karma en un 80-90% y lo absorbe. Es fundamental limpiarlo a profundidad cada vez que termines de realizar una limpieza karmática con su ayuda.

Decreto para sanar memorias celulares imperfectas con ayuda de la apofilita

Yo soy la apofilita viajera que sana todo tiempo, recuerdo, vibración y traición. Yo soy la apofilita viajera que sana siempre mi corazón y toda imperfección. Yo soy la fuerza de la apofilita actuando y desincrustando toda memoria celular que no corresponda más a mi realidad actual.

Yo soy la apofilita viajera que se olvida de todo dolor, de todo mal, porque soy la pura vibración. Yo soy, así es, así será, que ésta sane ya a todo ser en toda realidad. Así será.

Parte 4

Los cristales según las edades

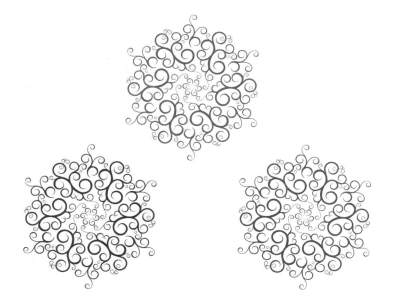

Los cristales y los niños

Los cristales en general –excepto los tóxicos, cancerígenos o radioactivos– son buenos aliados para mejorar la relación entre padres e hijos, las actitudes del infante en varios ámbitos iniciando por integración y comunicación en su hogar, así como su relación con compañeros y profesores. En infantes de corta edad los cristales deben utilizarse bajo supervisión de un adulto para evitar que los pequeños los traguen accidentalmente.

Todo cristal produce acciones subsecuentes en cualquier ser vivo. Sin embargo, algunos resultan más indicados para seres humanos en diferentes edades.

Cristales indicados para trabajar con infantes y sus beneficios

Aguamarina: asociado con el agua, los mares, ríos, lagunas y lagos, ayuda a reconectarse con Gaia y a desarrollar su intuición. Les permite fluir de forma más positiva enfocando sus energías en alcanzar sus metas y no buscar problemas. Se orienta a equilibrar el pensamiento y la acción gestando una directiva sólida para afrontar responsabilidades y concretar proyectos. En adolescentes, los impulsa a readaptarse a su familia y reconocerse a sí mismos bajo un marco de crecimiento más auténtico, les aleja de patrones autodestructivos. Los demás atributos y beneficios de este cristal se describen en la sección "Cristales que no deben faltar en tu hogar".

Ambligonita: idónea para chicos que se preocupan sobremanera por las situaciones del día a día pues otorga calma y equilibrio emocional. Recomendable para chicos que sufren de *bullying* o acoso escolar, ayuda a enfocarse en estudios y desarrollar intereses por actividades constructivas, frena y combate frustraciones y envidias, y ayuda a desarrollar un sentido de honestidad en los chicos.

Analcima: ideal para chicos que se sienten superiores, con exceso de soberbia o que presentan despotismo o materialismo, ya que les enseña a ser humildes, piadosos. Fortalece la justicia, promueve el desarrollo espiritual acelerado de forma exitosa, trabaja la tolerancia a frustraciones ayudándoles a saber fluir cuando se sientan frustrados por no alcanzar una meta específica. Es un sedante natural que ayudará a los pequeños a dormir mejor por las noches evitando el cansancio, el agotamiento físico y el mal humor.

Cuarzo blanco: ayuda a mantener la mente, aporta claridad, ayuda a aceptar responsabilidades, es útil para combatir el miedo injustificado y protege de ambientes estresantes como escuelas donde se ejerce mucha presión hacia los chicos.

Cuarzo citrino: ayuda a mejorar sus procesos de aprovechamiento en la escuela, combate y mejora problemas cerebrales, mejora su condición de vida y la comunicación de los que presentan autismo. Es un cristal muy tolerante con los pequeños, a los cuales reconforta ante las crisis familiares.

Cuarzo rosa: ayuda a infundirles respeto por sí mismos y todo ser vivo. Útil para minimizar patrones de agresividad en chicos con familias disfuncionales evitando que terminen convertidos en delincuentes juveniles; ayuda a que se sientan amados y atendidos, lo que es el mejor ejemplo para que ellos desarrollen esas cualidades hacia otros seres.

Cuarzo rutilado: en los niños el cuarzo rutilado ayuda a modular la voz y a calmar los excesos de energía propios de la edad. Útil para que expresen mejor sus necesidades, pero sin permitirles resultar abusivos al hacerlo; es decir, ayuda a que no acosen a sus padres o demás figuras de autoridad al buscar atender sus propias necesidades.

Cuarzo translúcido: protege de pensamientos negativos. Minimiza pleitos en el hogar. Ayuda a subir su rendimiento académico y les infunde confianza en ellos. Ayuda a modular el tono de su voz, óptimo para los chicos gritones que sólo se comunican vociferando.

Cuarzo verde: mejora la salud, ayuda a optimizar su sistema defensivo y el rendimiento de su sistema endocrino. Previene infecciones estomacales. Es recomendable llevarlo al cuello como excelente preventivo de epidemias (aunque no es sustituto de las vacunas).

Lazulita: ayuda a que los pequeños sean más nobles de sentimientos, a terminar con la crueldad que pueden expresar hacia animales, plantas e infantes de menor edad producto de sus propias frustraciones no canalizadas. Comunica sabiduría, por lo cual les facilita asimilar mejor los conocimientos transmitidos por sus profesores en el aula.

Kunzita: desarrolla su temperamento. Ayuda a los chicos que no saben adaptarse al entorno o que padecen de excesiva timidez, la cual combate eficientemente. Es un aliado natural ante las crisis existenciales derivadas de problemas escolares o relacionados con sus padres. Útil para sobrellevar con éxito los cambios hormonales producidos por el crecimiento y para no sentirse mal consigo mismos por estos cambios.

Malaquita: trabaja la salud. Es valiosa para combatir migrañas, dolores musculares, estomacales y de pies. Ayuda a evitar el consumo de medicamentos constantes para eliminar mareos, náuseas y migrañas. Ayuda a los chicos a recuperarse del desgaste físico excesivo producido por el juego o la práctica de deportes.

Piedra de luna: combate eficientemente problemas de hiperactividad de los infantes, ayudándoles a mejorar su conducta y dejando de ser así un conflicto para sus profesores y sus padres. Les sirve para mejorar su relación en su núcleo familiar y para concentrarse en sus tareas escolares. Fomenta en ellos la tranquilidad, apoyándoles para calmar su temperamento.

Cristales indicados para trabajar con adolescentes y sus beneficios

Para los adolescentes, coloca los cristales en un mueble o repisa en alto, de preferencia en el lado derecho de la habitación, o bien, en su clóset entre su ropa. Purifícalos sobre todo los días que los chicos lleguen a casa malhumorados o tras haber tenido dificultades en el colegio.

Amatista morada: transmuta el dolor y las crisis emocionales, atenúa frustraciones y fomenta el amor por la vida. Ayuda a atraer oportunidades e induce a desarrollar pensamiento constructivo. Permite que se expresen con justicia y equilibrio, y ayuda a desarrollar liderazgo. Les apoya para afrontar y aceptar sus emociones, abre el sendero a su crecimiento emocional y al autoconocimiento.

Amatista verde: una de las más raras, excesivamente cara en relación con la amatista morada. Permite aceptar críticas sin tomarlas a modo personal. Genera oportunidades para facilitar los viajes ya que su vibración es muy afín a la vibración de los desplazamientos; quien posea una amatista verde siempre se mantendrá en movimiento y vivirá muchos cambios de residencia a entornos diferentes. Ayuda a reencontrarse en futuras existencias con sus grandes amores en esta vida, promueve promesas eternas entre seres que se aman con sinceridad. Ofrece un marco idóneo para vivir en plenitud el amor cuando las circunstancias resulten más adecuadas, ayuda a superar el fin de su primer amor y a seguir adelante sin expresar añoranza por éste.

Apofilita: ayuda a atraer recuerdos constructivos. Otorga comprensión sobre sus traumas inexplicables resultado de la transportación traumática derivada de un evento ocurrido en existencias anteriores que se le presenta para que lo resuelva y libere. Sirve para la meditación y la reflexión, útil cuando el adolescente afronta una decisión compleja que no sabe cómo manejar. Otorga dirección en su vida emitiendo una vibración continua de bienestar, lo que le hace sentirse mejor consigo mismo sobre todo al llegar a la pubertad.

Cuarzo rosa: mejora su confianza en sus capacidades y su valía, les ayuda a aprender a amarse a sí mismos disminuyendo inseguridades características de la edad. Les ayuda a discernir cuándo su interés romántico es auténtico y cuándo se trata simplemente de un espejismo pasajero. Útil para mejorar la piel si se efectúan movimientos circulares sumergiéndolo previamente en agua oxigenada (así combate el acné y minimiza su aparición); para este fin el cuarzo deberá programarse y recargarse en cada ciclo de luna cuando ésta se encuentre en fase creciente). Previene enfermedades cardiacas, por lo cual no sólo es indicado para adolescentes, sino también para adultos mayores.

Cuarzo rutilado: ofrece los mismos beneficios para infantes que para adolescentes. Consulta los beneficios ofrecidos por este cristal en la sección "Cristales indicados para infantes". El único cambio es que cuando lo trabaja un adolescente, desarrolla sus capacidades de modo más inmediato y con mayor fuerza.

Fluorita morada: ayuda a superar críticas mal intencionadas y evita perder la autoconfianza. Promueve el equilibrio energético, depura la energía residual en chakras y aura, y minimiza lecciones karmáticas. Facilita la expresión corporal. Útil para adolescentes que han crecido en ámbitos muy rígidos y a quienes no se les permite ser ellos mismos, hace aflorar la esencia de cada ser.

Fluorita verde: incrementa el poder del ahorro, lo cual les resulta provechoso cuando buscan adquirir objetos que requieren y que aspi-ran a conseguir por sí mismos. Multiplica fuerzas para concretar con éxito los proyectos emprendi-dos, ayuda a mejorar la memoria y a vencer las frustraciones.

Malaquita: ayuda a los jóvenes a estar en el aquí y ahora. Mejora la comunicación. Apoya en épocas de duelo, sana la sensación de vacío y pér-dida debida a la muerte de un ser querido. Ayuda a minimizar de modo natural los malestares del periodo menstrual en las chicas. Ayuda a que las infecciones cedan de manera natural. Combate todo tipo de malestares y enfermedades, logrando resultados sorprendentes cuando se trabaja aser-tivamente con ellos. Aleja la impotencia cuando una situación se ha salido de las manos.

Okenita: otorga autenticidad a emociones, ayuda a entablar relaciones constructivas y au-ténticas y evita desengaños frecuentes e innecesa-rios. Los ayuda a conocerse mejor y entablar un discurso constante consigo mismos, los induce a fijarse límites. Útil para los chicos cuando salen por la noche pues evita que se expongan a riesgos y les apoya a hacerse responsables de sí mismos.

Precaución

Los niños y los adolescentes no pueden trabajar con cristales maestros, dado que no están listos para su sabiduría. A diferencia de lo que se cree, los cristales no son objetos y son frágiles a pesar de su dureza. Por requerir de mayores cuidados, los cristales maestros sólo pueden ser trabajados por adultos.

Lo mismo ocurre con los cristales negros. Éstos no son cristales malignos, pero poseen una capacidad vibratoria muy potente que puede causar interferencias y bloqueos energéticos, enfados y discusiones cuando no se ha sabido trabajar con ellos. Sólo deben utilizarse durante lapsos cortos de tiempo y por adultos. Deben colocarse en exteriores: estacionamientos, balcones, bordes de ventanas o entradas de puertas de jardín. Si no dispones de ninguna de estas áreas, ponlos en la ducha por las noches, y mantén la puerta del baño cerrada hasta la mañana siguiente.

Cristales indicados para trabajar con adultos jóvenes y de mediana edad y sus beneficios

Los adultos comprendidos en este rango de edad son quienes tienen un mayor número de cristales a su disposición, ya que pueden trabajar con cualquier cristal, excepto los tóxicos, radioactivos o cancerígenos. En esta sección no encontrarás el listado que pusimos en las anteriores, pero puedes consultar la guía de los beneficios generales, ya que todos éstos trabajan bien con los adultos.

Trabajo con minerales tóxicos, radioactivos y cancerígenos

Te entrego la invocación para trabajar desde el alto astral con los minerales tóxicos, radioactivos y cancerígenos, la cual constituye la única manera de trabajar con ellos sin poner en riesgo tu salud ni la de tu familia.

Invocación para este trabajo especial

Yo invoco a la presencia astral de _____
(nombre del cristal con el cual se quiere trabajar) para que desde su presencia astral me regale los beneficios que considere que yo deba conseguir. Así solicito tu mágica presencia astral para que vengas a sanar todo aquello imperfecto que existe en mi interior. Así las gracias te doy, sabiendo ya que tu bendita acción desde el astral pronto me sanará. Así te pido igualmente que siempre desde el alto astral sanes ya a todo ser que pueda requerir tu ayuda. Las gracias en su nombre te doy, sabiendo ya que desde ahora actuando estás. Así será.

Cristales indicados para trabajar con adultos mayores y sus beneficios

Amatista: ayuda a purificar su mente de frustración y pesimismo, apoya para combatir ambientes cargados energéticamente a los cuales estos adultos se ven expuestos debido a sus pensamientos negativos. Sana circunstancias de su vida en general. Otorga una constante protección transformando toda situación errada en luz y en amor. Ayuda a comprender y aceptar cambios propios de su edad sin perder el ánimo ni las ganas de vivir. Alivia el dolor, reduce la inflamación producto de enfermedades o golpes, bajo programación ayuda a frenar el crecimiento de tumores (pero, más allá de esto, ayuda a que la persona sepa que tiene un tumor y que deberá acudir a su médico a la brevedad posible).

Amazonita: les infunde ganas de vivir, ayuda a que se sientan positivos y relajados en el día a día, así como a encontrar solución a sus problemas y evitar el estrés causado por éstos. Sirve para combatir dolores de huesos y articulaciones, otorgándoles mayor bienestar para combatir los dolores propios de la edad. Además, cuando lo utilizan con regularidad, ayuda a la absorción de calcio en los huesos, por lo cual combate la osteoporosis.

Apofilita: ayuda a sanar el alma de los adultos mayores al sanar sus recuerdos y pensamientos, apoya para combatir la necedad característica de la edad. Produce la necesidad de iniciar estudios ayudándoles a mantenerse activos y ocupar su mente constructivamente. Combate bloqueos mentales y pensamientos asociados con el autosabotaje. Sirve para recordar lecciones karmáticas derivadas de existencias anteriores, evitando que se repitan en la vida presente. Facilita la reflexión, ayuda a visualizar claramente la justicia en una situación y hace surgir la verdad a la superficie resultando útil ante la firma inminente de documentos legales.

Crisocola: ayuda a depurar toxinas del torrente sanguíneo, mejora la presión arterial y regula el ritmo cardiaco. Mejora trastornos relacionados con glándulas (sobre todo desórdenes de la tiroides), ayuda a mejorar su proceso digestivo y combate los problemas de gases, colitis y estreñimiento.

Cuarzo ahumado: les ayuda a sacar fuerzas físicas para seguir adelante y les inyecta vitalidad. Combate las infecciones estomacales muy frecuentes en adultos mayores, ayuda al mejor desempeño de los intestinos y recto. Al ser un regenerador natural, mejora el desempeño de todo su organismo incluyendo células cerebrales. Combate la depresión y el abatimiento, ayuda a superar épocas de grandes dificultades y dota de una mejor vida en general al adulto mayor. Lo impulsa a que abandone su papel de víctima y su dependencia de antidepresivos, y a ver la vida con una actitud positiva constructiva. Gesta la alegría en su existencia.

Citrino: ayuda a aliviar problemas estomacales y protege su estómago de reacciones a medicamentos. Mejora la circulación y el trabajo del hígado, trabaja con los riñones, facilita la digestión. Ayuda a la función linfática. Otorga vitalidad, motivaciones, esperanzas en la vida y en un futuro mejor. Combate la depresión y ayuda a superar el agotamiento físico. Es recomendable que los adultos mayores mantengan diariamente en su mano izquierda un cristal citrino durante cinco minutos; esto les ayudará a recibir una sanación energética proveniente de las altas escalas de luz del universo, que es idónea y específica para este adulto mayor. Mejora su tolerancia cuando debe compartir su espacio con otros seres y combate el egoísmo.

Cuarzo rosa: ayuda a sanar el dolor emocional que suele surgir cuando comienzan a sentirse aislados u olvidados por sus seres queridos. Sirve para prevenir y combatir problemas cardiacos, regula el flujo de sangre en el torrente sanguíneo previniendo la formación de coágulos. Útil para tener sueños de vida útil prolongando sus ganas de vivir. Apoya para atraer a su vida a personas que les amen de diferente forma y, en todo caso, a dejar de estar solos.

Herkimer: factor de equilibrio emocional por naturaleza que resulta muy útil no sólo para los adultos mayores, sino también para los enfermos y para las mujeres que enfrentan la menopausia, así como para las embarazadas o que se encuentran en su periodo menstrual. Cristal de energía masculina pero que trabaja bastante bien con la femenina, en adultos mayores aporta también equilibrio mental, libera situaciones y energías que estaban bloqueadas y ayuda a recordar las cosas a aquellos que presentan pérdida de memoria.

Kunzita: genera un estado de calma prolongado, ayuda a fortalecer sus defensas mejorando la capacidad de respuesta de su sistema inmunológico. Protege de sufrir maltrato físico, y ayuda a dejar en orden sus sentimientos a lo largo de su vida sanando los recuerdos, relaciones y pensamientos.

Larimar: útil para alcanzar los sueños olvidados durante su juventud, infunde fortaleza ante el avance de la edad para encararla con dignidad. Aumenta su independencia en su vida diaria, les otorga seguridad para actuar y confianza en sí mismos. Mejora su humor, ayuda a combatir polaridades y cambios de estado de ánimo. Cristal de energía constante, combate dolores de articulaciones y cartílagos, y ayuda a sanar padecimientos de la garganta. Regula el sueño, combate bloqueos energéticos y actúa como diurético natural. Bastará colocar una pieza de larimar directamente sobre la parte que se busca sanar eliminando grasa y demás residuos que no han logrado ser depurados del organismo; es igualmente aconsejable cuando se busca perder peso, por lo que debe usarse con prudencia en adultos mayores para evitar que lo pierdan. En adultos mayores se recomienda utilizarlo como máximo 15 minutos diariamente.

Venturina: ayuda a combatir el colesterol y mejora el funcionamiento del organismo. Colocado sobre la garganta es óptimo para combatir enfermedades de garganta, laringe, bronquios, pulmones, ganglios y cuerdas vocales. Posee propiedades antiinflamatorias, ayuda a combatir alergias asociadas con las vías respiratorias, y apoya para mirar los problemas con positivismo manteniendo la fe en el futuro. Ayuda a regenerar las células, lo que es muy útil para los adultos mayores, así como a optimizar los procesos de sanación ante enfermedades. Sirve para comprender la lección oculta relacionada con una enfermedad, aprenderla y jamás volver a padecerla. Recomendable para adultos mayores que deberán partir pronto del plano físico, ayudándoles a pasar con tranquilidad el proceso de adaptación previo a la muerte. Apoya para desplazarse de un plano físico a uno astral como entrenamiento para el instante en que deban partir. Por otro lado, sana el vacío emocional.

Parte 5

Mensajes de los cristales a la humanidad

Mensaje de un cristal maestro mixto, abrazo y viajero, 14/10/2013

Ha llegado el tiempo de entregarse a la evolución, al amor y la verdad, de purificar sus vidas, sus relaciones, su entorno y su interior.

Las traiciones, el desamor y demás miserias humanas deben ser erradicadas definitivamente de todo pensamiento, sentimiento, corazón y realidad. No es posible que contaminen más su ambiente, su planeta, sus pensamientos, sus actos, su realidad.

Los cristales tenemos una misión de luz, amor y evolución. Vuelvan a la luz, al amor, a la dignidad de su ser, no existe más tiempo que perder.

Reconéctense con su yo superior, atrévanse a abrir su corazón a la vida y a sus relaciones, afronten el miedo y el dolor, y vuelvan a ser los dignos hijos del amor universal.

Su alma sabe que pertenece a la luz. Todos fueron producto de la luz, más allá de su historial familiar. Vuelvan a ser lo que siempre han sido en pura esencia divina. Nadie más que ustedes mismos puede sanarlos.

Su principal compromiso y oportunidad evolutiva se centra en rescatarse a sí mismos. Es extraño descubrir que los seres más inteligentes que viven sobre la superficie de la Tierra puedan ser aquellos más carentes de inteligencia, que moren en un planeta los más indignos hacia sí mismos, los más lascivos, los más imperfectos de todos. ¡Vuelvan al amor!

Mensaje de un cristal maestro dual, abrazo y transmisor, 17/10/2013

El universo ha intentado comunicarse con ustedes desde hace tiempo, las señales han estado allí disponibles para lograr la evolución. Sólo podemos trabajar con el veinte por ciento de la humanidad, pues éste es el porcentaje que está dispuesto a recibir la guía del alto astral.

Queremos brindar servicio a todo ser humano, buscamos lograr la evolución de toda su especie y sólo podemos confiar en que ese despertar ocurra tal cual ha sido planeado por las grandes mentes universales y astrales. Si desean abrirse a la luz, a la evolución, más que prometer actúen cambiando su existencia y su visión, infundiendo la evolución de su propio ser.

Son ustedes quienes en soledad y con honestidad deberán decidir de qué lado están su alma y su barca, su dignidad o indignidad, su bondad o crueldad.

Es su propia elección y así son ustedes los que asumirán la responsabilidad para consigo mismos de dichas cuentas astrales. El astral no se venga, únicamente equilibra y el sitio hacia donde se incline esa balanza depende de los actos, pensamientos y reacciones de cada ser humano. Acepten el cúmulo de información que está allí esperando por ustedes y así lograrán sanar el sucio presente que hoy tanto les hiere. Vuelvan a ser los dignos hijos del amor universal.

Mensaje de una fluorita violeta para toda la humanidad, 16/10/2013

Amigos de la luz, vuelvan a ella. Comprendan en prontitud que son ustedes los fundamentos de luz que poseen el poderío para sanarse a sí mismos, a la vez que llevan a cuestas la responsabilidad de sanar a las especies de fauna y flora. Requieren de un respeto que hasta ahora nadie les ha dado. Su vida ha carecido de dignidad por el simple reflejo del dolor espiritual que cada uno de ustedes carga. Estos seres indefensos tienen el mismo derecho que cada uno de ustedes posee a ser respetados y vivir con dignidad. Son ustedes los que han desconocido el respeto a este principio básico, el de la dignidad de otros seres vivos.

Permitan que la luz toque su existencia y su corazón, los más necesitados de este amor, este respeto y esta dignidad son todos estos seres indefensos que no pueden combatir con armamento sino con gruñidos y coraje.

En la medida en la que dignifiquen y comprendan sus necesidades, sus derechos restauren los hábitats robados que no les corresponden y se toquen el corazón, aceptarán que no necesitan en su armario la piel de un felino, que no requieren en su sala cadáveres de animales cual trofeos, que no necesitan alimentarse del dolor y obtener dinero de la masacre ajena.

La sangre derramada entre humanos es tan ofensiva ante el universo como la derramada por cada animal que ha sido masacrado, privando a sus cachorros de su protección, privando a la vida misma de especies que desaparecen en impunidad. Es responsabilidad de la humanidad liberar a los pájaros de sus jaulas; el ser humano que con un amor corrompido considera tener derecho a secuestrar a un ave para adueñarse de su canto, comete la misma atrocidad que un secuestrador de personas.

¡No han comprendido aún que secuestrar a un ave privándola de su cielo es el mismo delito que privar a un ser humano de su libertad a cambio de dinero!

¿Por qué se asustan por el secuestro de personas y fomentan el de las aves? No comprenden que cada paso que efectúen afecta la construcción de su propio futuro.

Quien hoy secuestra aves y mata felinos no deberá asustarse si mañana su ser amado perece víctima de un secuestro. Es su realidad, el reflejo de su propio interior. Que éste brille con grandeza y amor y nunca más vuelvan a ser su propia perdición.

Benditos sean con luz universal en cada instante hasta la eternidad.

Mensaje de una apofilita, cristal maestro, a la humanidad

Bienvenidos a una nueva realidad, a una renovada energía que es su compromiso elevar aún más y sustentar dicha elevación. Los cristales somos sus fieles aliados para lograr sanar y mejorar su existencia. Estamos aquí, deseosos de ofrecerles un servicio incondicional, aguardando silenciosamente a que nos miren y nos abran las puertas de su corazón, de su inteligencia para ser gratamente sorprendidos por nuestra energía y nuestros poderes asociados a Gaia y asociados con el universo. Estamos en la Tierra para ayudarles a sanar, hemos estado aquí pero ustedes se han alejado de nuestra ayuda.

Somos poderosos aliados contra las memorias celulares imperfectas, contra traumas desarrollados durante su existencia presente. Por favor, no nos ignoren más, permítanos ayudarles a mejorar su calidad de vida sanando su cuerpo físico y su cuerpo emocional, sanando sus bloqueos que impiden que el amor, la abundancia, el trabajo y la calidad de vida sean elevados y dignificados para ustedes.

Permítanse a sí mismos evolucionar y sanar. Sean responsables de asumir dicha elección fundamental, no continúen dejando en manos de charlatanes su bienestar y su evolución, y comiencen por confiar en el universo y en los infinitos recursos que les ha ofrecido y les seguirá ofreciendo para mejorar su calidad de vida. Son parte de un todo y no tienen que seguir mirando su existencia cual si todo el universo fuera un único ser encerrado en ustedes mismos. Aún están lejos del conocimiento y de los secretos que albergamos, pero para llegar a tener toda la información, deberán antes demostrarnos a todos los seres cristalinos, así como demostrarse a sí mismos, que están listos para esta información. Acepten la humilde ayuda que deseamos ofrecerles.

Mensaje de una ilvaíta a toda la humanidad

La humanidad tiene la oportunidad de transformar su vida. Pocos lo saben, este espacio de tiempo está sujeto a la ley de la duplicidad, es decir, todo acto karmático será doblemente merecedor de lecciones, pero cada acto darmático será duplicado.

Por tal motivo, todo acto bondadoso les puede ayudar a sanar una mayor cantidad de karma en un menor lapso de tiempo. Ninguna criatura necesita la aceptación de otras para tener derecho a la plenitud; mientras sus sentimientos no impliquen masacrar, lacerar, maldecir o intrigar en contra de otro ser vivo, cualquiera que éste sea, tienen derecho a ser auténticos. De hecho, requieren ser auténticos, ya que exclusivamente así podrán sentirse en paz consigo mismos. Dejen ya las ataduras sociales en el olvido, permítanse vivir para ustedes y por ustedes.

Atrévanse a ser seres constructivos. No merecen más dolor, no merecen más lecciones karmáticas. Más bien, merecen consideración, amor y liberación con infinito respeto para toda la humanidad.

Parte 6

Ejercicios y decretos

El trabajo con los cristales se verá muy beneficiado si practicas los ejercicios, realizas las meditaciones y pronuncias los decretos que presentamos en esta sección.

Ejercicios

Ejercicio para reconectarse con la abundancia económica emocional y espiritual

Material

> 1 drusa de amatista
> 1 pirita en bruto no pulida
> 2 jarras
> Agua mineral que no se haya abierto
> 6 hojas de laurel
> 1 baño de luna en fase creciente
> 1 planta de perejil en maceta

Instrucciones

Lava los cristales. Pon la amatista en una jarra y vierte agua mineral sobre ella, agregando tres hojas de laurel. Pon la pirita en la otra, viértele agua mineral y agrega las otras tres hojas de laurel.

Deja reposar los cristales en el interior de las jarras en un baño de luna creciente. Sácalos, programa el agua con tus propias palabras y riega con ella la planta, la cual simboliza tu persona.

Ejercicio para evitar victimizarse

Muchos, sin darse cuenta, se victimizan modificando su postura corporal, su tono de voz, su expresión y gesticulaciones, usando esto como un recurso para lograr sus objetivos a través del chantaje emocional a otros seres. No consideran que el verdadero éxito jamás se logra mediante esta práctica baja y que sólo les denigra. Tú puedes sanar tu vida de esta situación gracias a los cristales, para lo cual es importante que practiques el siguiente ejercicio una vez por mes hasta lograr erradicar este defecto.

Material

3 amatistas en bruto
1 citrino en bruto
1 malaquita en bruto
1 cuarzo rutilado
3 hojas de laurel
3 hojas de mejorana
1 hoja de papel morado
1 pluma de tinta morada
1 fotografía tuya tamaño infantil
Pegamento en barra

Instrucciones

Escribe tu fecha de nacimiento atrás de la fotografía y pégala en el lado superior izquierdo de la hoja de papel. Con tinta morada escribe tu nombre completo debajo de la fotografía y, a continuación, una lista con las situaciones en las que te sientas víctima de algo con los motivos por los que te has sentido así.

Posteriormente, escribe el siguiente decreto.

Yo renuncio a todo acto de victimización
sanando ya esta situación.
Yo renuncio a todo dolor, yo renuncio a todo
ego, yo renuncio a toda victimización.
Yo me libero de toda atadura
a la imperfección,
sanando ya toda imperfecta situación.
Así ya es, así será.

En seguida pega en la hoja de papel las hojas de laurel y de mejorana y escribe debajo de ellas tu nombre de pila, tu fecha de nacimiento y la frase "Así sea".

Dobla la hoja en tres partes. Coloca debajo del colchón los cristales durante dos meses seguidos, con la hoja de papel y las hojitas de mejorana y laurel.

Ejercicio para programar los cristales antes, durante y después del baño de luna

Materiales

1 amatista
1 pirita

Instrucciones

Pon tus cristales a baño de luna creciente y prográmalos repitiendo en voz alta el decreto siguiente por al menos 15 minutos en cada caso:

Yo soy la fuente inagotable de mi abundancia emocional, mental y material.

Yo soy mi abundancia misma. Así ya es, así será.

Coloca en la palma de tu mano derecha el cristal de amatista y en la palma de tu mano izquierda, el cristal de pirita.

De pie en la dirección en que el sol sale por las mañanas, repite el decreto anterior teniendo al mismo tiempo en tus manos ambos cristales, uno en cada mano.

Al ponerse el sol, repite el mismo procedimiento y atrae a la abundancia en estados de conciencia y de inconsciencia. Por las noches se recomienda repetir sólo el decreto y dejar los cristales lo más cerca posible de tu cama.

Los cristales sólo podrán ser tocados por ti.

Meditaciones

Meditación para el amor

Imagina un cuarzo rosa gigante, brillante y translúcido, con un sutil aroma a rosas. Míralo surgir del universo cual si fuera un meteorito y aproximarse a tu ser. Imagina cómo este cuarzo rosa viaja desde el mismo universo y en su trayectoria se dirige a tu corazón, apaciblemente, viajando y viajando en absoluta armonía universal, hasta llegar a impactar la totalidad de tu corazón. Con el impacto sientes un calor infinito irradiar de tu pecho creciendo en ondas circulares expansivas que producen una vibración circular en todo tu ser. Al sentir estas ondas circulares de calor podrás expresar aquí claramente tu anhelo de amor que esperas ver otorgado.

Finaliza la visualización diciendo las siguientes palabras:

"Yo soy *(tu nombre),* la bendita resurrección que todo sana y transmuta, efectuando así el milagroso proceso de sanación. Bendito universo, amado cuarzo rosa del universo, realiza una liberación energética detonando así mi dicha pura. Es ésta la que te pido atraigas a mi pura realidad, consumándola y consolidándola así en bendiciones que no conozcan fin. Así es, así sea, violeta y rosa transmutación."

Y pronuncia el siguiente decreto orientado al fin que te has propuesto:

Yo me libero del temor y de todo desamor, yo me libero de la desdicha y de la incertidumbre.

Yo transformo mi realidad mental, física, espiritual y emocional en puro y sincero amor.

Yo soy la propia encarnación del amor, yo represento el verdadero amor, yo acepto sólo el sincero amor.

Yo bendigo y agradezco la llegada del verdadero amor, yo regalo amor, yo recibo amor, yo soy amor.

Yo brindo un sincero amor a cada ser que conmigo se comunique en cualquier dimensión.

Así el amor yo soy, reconociéndome en él en perfecto equilibrio, en bondades infinitas, en sincera tolerancia, en perfecta transmutación.

Rosa soy yo desde amor, así sea, violeta transformación.

Así es, así sea.

Meditación con el gran cristal de la luz para sanar vidas anteriores

El objeto de esta meditación es sanar recuerdos traumáticos, perdonar situaciones karmáticas, terminar bloqueos provenientes de otra vida, reconectarse con el amor y la sanación universal proporcionados por el universo con la ayuda del gran cristal de luz, un enorme cristal que mora en el universo y se asocia con cada cristal de su tipo que existe en la Tierra.

Pasos a seguir

◊ Desconecta cualquier teléfono, celular o fijo.

◊ Consigue el audio de los discos solares y ponlo a un volumen bajo para que sirva de fondo solamente.

◊ Consigue una labradorita, un cuarzo rutilado y una amatista. Coloca la labradorita sobre tu mano izquierda, el cuarzo rutilado sobre tu plexo solar y la amatista sobre tu mano derecha.

◊ Cierra los ojos y concéntrate en alcanzar una meditación suave y muy lenta.

◊ Ésta es una meditación muy fuerte en el aspecto energético y suele resultar agotadora. El tiempo necesario para obtener buenos resultados oscila entre una hora y cuatro horas, según proceda en cada caso. Al terminar estarás muy agotado y difícilmente podrás hacer alguna actividad que no sea dormir. Se recomienda considerar el margen de tiempo mayor, es decir, cuatro horas, para que al terminar te encuentres antes de las 12 de la noche de vuelta a un plano consciente. Nunca medites durante la madrugada; esto puede causarte problemas energéticos, pues en ese momento los portales del astral alto y bajo están abiertos de par en par.

◊ Procura estar a una temperatura cómoda y tibia, con calcetines, un suéter ligero, ropa cómoda y una cobija encima de ti, ya que el frío o el calor pueden hacerte salir de la meditación antes de tiempo.

◊ Inicia el viaje: conéctate con un hermoso y enorme cristal que aparecerá frente a ti, mira sus grandes aristas. Es un cristal gigantesco, del tamaño de un planeta y en forma de una drusa muy hermosa. Observarás sus brillantes picos aproximarse lentamente a ti.

◊ Si son varias personas las que hacen la meditación, cada uno mirará un ser cristalino diferente en función de sus propias necesidades; podrá ser rojo, verde, blanco, morado, café, negro, turquesa, azul, dorado, plateado o incoloro. El cristal que llegue a cada uno será el perfecto. Sin embargo, el color que tenga simbolizará las cualidades que dicho grupo representa y son aquellas que necesitan infundir en su vida.

◊ Permite al cristal llegar a ti, entra en él, como si te abdujera. No temas, es natural, es algo que se requiere para completar con seguridad el viaje hacia tu pasado kármico, para poder sanarlo hasta lograr romper con situaciones karmáticas y programaciones erradas que ya no tienen motivo de ser en tu existencia. Durante esta meditación el cristal será tu amoroso padre, madre, protector. Sanará cualquier dolor vinculado con la figura de uno de ellos por algo ocurrido durante alguna de tus vidas anteriores.

◊ No temas, pasa sin miedo al interior de este hermoso y amoroso cristal.

◊ Nuevamente, concéntrate en tu respiración y no permitas que en ningún momento ésta se altere, deberá permanecer lenta y tranquila durante toda la meditación.

◊ Ahora que ya has sido abducido por este cristal, observa su textura por dentro y siéntate confortablemente en tu interior, siente su amor y protección, siéntete en absoluta paz en su interior.

◊ Ahora el mismo cristal comenzará a desplazarse como si fuera una nube y viajando cómodamente en su matriz te encuentras tú.

◊ En su trayectoria recorrerás tantas vidas como sea el número de nudos kármicos que te impiden progresar en esta vida.

◊ El viaje puede limitarse a la presencia de una sola vida o comprender a cientos o miles de existencias, pero no temas, estás en paz y con la protección del propio universo.

◊ Ahora, sin salir de la meditación, mira las imágenes y presta atención a los nombres y lugares que observes y a los eventos de los cuales eres testigo.

◊ A partir de este instante todo el dolor no te pertenece más; lo has entregado al cristal, el cual se encargará de transmutarlo en luz para devolver esta luz a la humanidad.

◊ Toda la rabia y la angustia, toda emoción dolorosa, castrante, indigna, sale de ti y de tu alma para ser entregada a este hermoso cristal que te acoge. Permítete soltar cualquier emoción, pensamiento o sentimiento imperfectos que surjan durante esta meditación. Suelta ya toda imperfección, entrégala a la luz universal, que, en calma, en amor y en perfección, la convertirá en pura luz universal.

◊ Mantén la atención en tu respiración. Cualquier cambio de velocidad en tu frecuencia respiratoria te haría salir inmediatamente de la meditación sin completar el objetivo.

◊ Cada escena dolorosa, cruel o imperfecta que mires será sólo el reflejo de una realidad y de un ser que ya no corresponde más a ti. Por tanto, este dolor y esta enseñanza karmática no están más presentes en tu realidad actual.

◊ Apenas veas aparecer estas imágenes imperfectas, repítete mentalmente: "Yo bendigo, suelto y transmuto ya toda esta imperfección perdonando a mi propio ser, perdonando a todo ser asociado. Yo suelto y perdono toda imperfección que ahora será transmutada en luz y amor universal. Así es y así bendigo yo esta perfecta transmutación que se ha consumado bajo la divina y cristalina presencia de este cristal. Así ya es".

◊ Repitan la misma operación cuantas veces sea necesario, es decir, hasta que sólo tengan nuevamente la imagen inicial del interior de la matriz de este cristal.

◊ Cuando el cristal te haya regresado a su matriz y contemples una vez más su interior, será señal de que estás listo para salir de esta meditación.

◊ Antes de hacerlo, el cristal te ofrecerá un consejo para mejorar tu calidad de vida y tú deberás agradecer la purificación y sanación karmática que él ha conducido para ti.

◊ A pesar de sentirte muy a gusto y protegido en el interior de este cristal, tendrás que forzarte a salir de esta meditación al terminar de contar del 1 al 10.

1 Me despido del cristal.

2 Me despido definitivamente de toda realidad imperfecta asociada con mi karma y perteneciente a mi ayer.

3 Me conecto lentamente con mis pies y posteriormente con mis piernas.

4 Me conecto con mi estómago y con la energía de mis chakras.

5 Me reconecto lentamente con mis manos.

6 Me reconecto con mis brazos.

7 Me reconecto con mis piernas.

8 Me reconecto con mi espalda.

9 Me reconecto con mi pecho.

10 Me reconecto con mi cuello y mi cabeza.

◊ Muy lentamente comienza a mover tu cuerpo, aún sin abrir los ojos. Ofrece un último pensamiento de agradecimiento al ser cristalino que te sanó. Comprométete ante él y ante el universo a ofrecer un servicio del tipo que quieras como pago al universo por la ayuda otorgada para ponerte en paz con tu pasado. Este servicio deberá ser honesto y digno, y corresponder a tu proceso evolutivo. Asimismo, deberá cumplirse al pie de la letra, ya que sólo así el cristal volverá a ayudarte cuando de él requieras.

◊ Recuerda que tu palabra otorgada ante el universo, ante un ser de luz, un cristal o guía espiritual, así como ante un ángel o arcángel, siempre deberá tener valía pues implica un compromiso otorgado por sí misma. Tu palabra vale ante el universo, no cumplirla representa una acumulación karmática. Nunca te comprometas a hacer una misión que sepas que no serás capaz de cumplir. Las misiones pueden ser actos muy simples de bondad, como los siguientes:

- Comprar comida para un indigente o a un niño en situación de calle
- Bendecir a todos los seres vivos que mires durante un día completo
- Proporcionar hogar a un animalito en situación de calle
- Donar tu tiempo para ir a jugar con niños a un orfanato o trabajar como voluntaria en él
- Donar tu tiempo para ir a leer a una casa de adultos mayores

◊ En caso de que esta meditación sea de tipo terapéutico progresivo, te aconsejo escribir en una libreta todos los mensajes, símbolos o palabras relacionados con ella, ya que serán de gran ayuda cuando empiece a develar el origen de sus problemas.

◊ Hemos hablado sobre las cualidades y la personalidad de diferentes cristales. Todo cristal es perfecto, todo cristal es único, todo cristal es exótico. Todo cristal está vivo. Todo cristal te ama y bendice. Únete a ellos, sanarán tu vida.

◊ Aprende a reunificarte con su entorno y lograrás transformar en plenitud tu existencia. El entorno está vivo, te habla, busca ayudarte a sanar tu existencia, es la expresión misma del universo expresándote tu infinito amor.

Decretos

Para conseguir la resignación tras la pérdida de un ser querido

Yo te amo eternamente,
me libero así de todo dolor.

Yo reconozco en ti
la liberación profunda
que te ama, te ampara y te permite
seguir tu propia evolución.

Yo me despido por un breve lapso de ti,
mientras juntos seguimos cada uno
evolucionando con la certeza
de que en nuestro sincero mañana
nos volveremos a encontrar,
más puros y libres, más plenos
y cristalinos, sin dolor.

Aquí me quedo siendo feliz por
tu bendito ascenso,
mismo que has debido ya alcanzar.

Yo te amo y me amo, yo me libero
de todo dolor,
no soy capaz de volver a llorar
ya que en las lágrimas se encierra
el dolor y tú eres sólo sincero amor.
Yo soy bendiciones infinitas,
como tú lo eres.

Yo te amo y te bendigo, yo me amo
y me bendigo,
yo soy la luz que me infunde
sincera calma,
soy la esperanza de que pronto
te reencontraré.

Yo soy tu luz divina, como tú
seguirás siendo siempre la mía.
Morando sinceramente en
el interior de mi alma
porque nuestro bendito vínculo
bien viajará
y nos acompañará eternamente.

Bendita paz, ven a mí, ven ya,
acompáñalo en su nuevo sendero,
resguárdame en mi próximo sendero.
Así es el bendito amor universal
que bien amados y amparados nos tendrá.
Así sea.

Para el adiós

*(Para reconectarse con la calma tras haber termina-
do una relación, dejando espacio para encontrar una
nueva más plena, amorosa y equilibrada)*

Yo soy la renovación de mi existencia,
soy la libertad que me bendice,
que me permite evolucionar,
todo sanar, todo transmutar.

Yo soy la luz que reacciona,
permitiendo que los vínculos
pasados se rompan y liberen,
permitiendo que cada ser prosiga
su propia evolución,
su divino sendero.

Es así, así sea, namaste.

Para reencontrar el camino perfecto

Yo soy quien guía mis pasos
en perfección divina,
soy quien bien se ama y se programa.

Yo soy un ser amoroso, piadoso,
poderoso y compartido,
soy la resurrección universal
actuando en pura perfección.

Yo soy el bienaventurado
que sabe regalar sin desgastarse,
soy quien bien te ama y comparte
su amor universal.

Yo soy quien sabe respetar en el silencio,
soy quien ante ti abre plenamente
su luz interior.

Yo soy quien te ama, te bendice
y te sostiene en tu largo sendero,
soy el universo mismo que acude
en mi ayuda para trazarme el camino perfecto.

Yo soy el más amado,
el que escucha los susurros del universo.

Para retomar la alegría universal

Yo me miro en las flores y en el campo,
yo me miro en el agua y en el firmamento,
yo respiro la armonía
que impregna así
todo mi ser de la paz universal,
yo respiro paz, yo exhalo paz.

Yo soy un sincero amor
que se reconoce en sí mismo,
que se reactiva en cada mirada
de cada ser vivo.

Yo respeto mi paz y la de los demás,
yo infundo la paz universal comprendiendo
que en ella fui creado,
retomando la alegría universal,
siendo ésta parte esencial de mi creación, de
mi naturaleza divina.

La alegría está presente en todo mi ser,
se alimenta de mis registros akáshicos,
de todas las líneas de tiempo
donde alegre viví con esperanza
en mi mañana, reconociéndome
en la belleza de la naturaleza,
reconociéndome en sinceras
y benditas oportunidades,

en la sincera mirada de todo
ser que bien me ama,
en el reflejo de aquellos seres
que deben sanar,
perdonándoles por cualquier
desdicha que me hayan producido,
reconociendo en tales actos
el perfecto equilibrio universal.

Yo soy bondad, soy humildad,
soy plena sinceridad.
Yo retomo la alegría universal
que me brindan las estrellas,
los campos, las flores y las palabras,
que me envuelve en su manto
dorado de armonía universal.

Yo amo todo mi ser reconociendo
en él la más pura verdad,
soy la pura y grata expresión
de la alegría universal.

Desde hoy soy yo así divina alegría,
siempre en pura expresión.
Así sea.

Para atraer la nobleza espiritual

Yo soy Zeus y Apolo, yo soy Afrodita,
yo soy la misma Abundia.

Yo me reconozco como la divina
extensión universal,

soy parte esencial de Dios y de Yoshua,
soy el manto de María.

Yo soy la divinidad universal
que actúa, que se programa,
que se libera generando energía infinita,
piadosa, bondadosa,
impregnando todo a su paso
de pura luz universal.
Yo atraigo sólo la nobleza de espíritu,
de pensamiento, de acción e intención.

Soy la perfecta nobleza
que comparte bendiciones,
que ayuda a transmutar karmas
pasados propios y ajenos.

Yo soy el corazón que bien sabe latir
para consolar a los que sufren,
para escuchar a los abandonados.

Yo soy nobleza espiritual
y desde ella muevo ya
toda mi existencia astral, mental,
emocional, física y áurica.

Yo soy así divina perfección en humildad.
Así sea ya.

Para recuperar el equilibrio

Yo soy la magia universal
que me equilibra y me calma,
soy la luz bendita, la acción en movimiento.

Yo soy el amor universal que
me resarce de todo mal,
la frecuencia equilibrada que
habita en mi ser,
la paz y la esperanza que viajan
y se liberan, equilibrando en mí
cualquier cambio vibratorio
que pudiese haber interferido
en mi paz espiritual, mental,
física y emocional.

Yo soy la luz que brilla y viene a mí,
soy la esperanza que me relaja,
que se encuentra en el universo
viajando y colmándome así
de bendiciones infinitas.

Yo soy equilibrio universal,
paz en expansión,
divina creación que viaja a
mi universo mismo
infundiéndome el perfecto equilibrio
que ahora requiero.

Yo soy la paz divina, perfecta,
que me relaja, que crea en mí confianza,
que transmuta todo desajuste energético,
vibratorio, mental, social, emocional,
para transformarlo así en
perfección universal.

Así es, así sea.

Decreto para la confianza

Amado universo, yo soy tu mismo ser.
Yo programo la confianza universal,
que venga a mí,
que bañe todo mi ser
incrustándose en él.

Yo soy la fuerza universal
que me dota de confianza, de abundancia,
prosperidad y humildad.

Yo recobro aquí y ahora la confianza
olvidada en toda la humanidad,
en todo mi ser, en cada pensamiento
y acción emprendida.

Yo soy confianza universal puesto que así será.
Amén.

Para evolucionar

Yo evoluciono aquí y ahora,
permitiendo a mi espíritu actuar
en profunda elevación.

Yo soy la divinidad que transforma
mi ser inferior
hasta permitir que en mí actúe
a cada instante
sólo mi yo superior.

Yo soy la bendita evolución,
soy divinidad aplicada.

Yo evoluciono respetando los eventos
del tiempo y del espacio,
yo soy la luz que brilla con infinito resplandor,
soy la luz.

Para atraer amistades armoniosas y justas

Yo soy la luz que apela a la sinceridad,
soy la bondad que atrae más bondades,
soy amistades sinceras y bondades infinitas.

Yo soy la luz y la sinceridad,
soy el perfecto equilibrio de ideas y acciones,
soy la armonía y el equilibrio
que atraen amistades bondadosas
y equilibradas.

Yo soy bondad infinita, tolerancia
y sinceridad,
soy luz, divinidad y amor universal.

Yo apelo a la justicia divina
para que atraiga a mi vida
relaciones afectuosas, armoniosas
y de alta calidad para ambas partes.
Así es, así es, así sea.

Para recuperar la alegría

Yo soy la luz que sana todo,
soy la alegría que vuelve a mí.

Yo soy así perfecto ser de amor universal
que goza y ríe siempre,
sin importar retos o factores externos.

Yo soy la luz divina que colma
de bendiciones infinitas.
Yo soy.

Para obtener abundancia

Oh, amada Abundia,
ven a mí a cada suspiro,
ven a mí a cada instante,
no te alejes de mi regazo.

Abundia, fluye en todo mi ser
atrayendo la elevación material,
espiritual y sentimental.

Abundia, ser perfecto y puro,
ven a mí portando tus arcas,
abriendo tu cuerno de la abundancia.
Regálame monedas doradas,
piedras preciosas.

Regálame amor universal,
regálame alegrías,
regálame la paz universal o bendita.

Abundia, ser perfecto, ser amoroso,
transmuta toda escasez pasada y resárcela
con tu infinita abundancia universal,
colmándome de bendiciones,
dulzura y oportunidades.

Oh, Abundia mía, ven a mí,
atrae a mí toda bondad,
yo te prometo frutos y flores en gratitud.

Abundia mía, no te alejes más de mí.
Así es, así es, así por siempre ha de ser.

Para llamar a la luz universal

Yo soy la luz que me colma,
soy la luz que aflora de mí,
la luz que sabe evolucionar,
la llama universal que colma
de toda bondad.

Yo soy la paz universal,
yo aclamo a la justicia universal
para que atraiga a mí la luz
que mi alma requiere,
permitiéndome así emprender
mi perfecta evolución.

Yo soy amor, soy bondad.
Así es, así sea, amén.

Para buscar la sanación espiritual

Yo amada presencia divina soy,
yo aclamo al universo mismo
mediante la llama violeta
para que me sane en espíritu,
pensamiento y acción.

Yo hago emerger de mi interior
sólo la más pura elevación
que pueda surgir de mi divino ser.
Yo soy la sanación, soy la bondad,

soy la transmutación en inmediata acción,
liberándome de todo dolor.
Ven ya a mí. Así es, así sea.

Para eliminar el concepto de víctima

Yo soy la amatista divina, universal, mágica
y bondadosa
que de todo mal me sana.

Yo soy la luz que todo error transmuta,
sanando así toda imperfección.
Yo soy la abundancia universal
que no conoce de límites ni odios.

Yo erradico en mí toda idea que surja
y me indique que soy una víctima.
Yo soy la perfecta sanación de mis conductas,
pensamientos, sentimientos y acciones.

Yo soy la luz directa que viaja
y sana todo dolor,
toda indignación y tristeza de mi ser.
Yo soy la perfecta sanación universal.
Así sea ya.

Parte 7

Leyendas sobre cristales

El conejo de jade

(leyenda china)

Un día tres dioses bajaron a la Tierra, disfrazados de tres pobres hambrientos, y pidieron comida a los transeúntes. El zorro y el mono les dieron alimentos robados. El conejo, al no tener nada para ofrecerles, dijo "Si tienen hambre, pueden cocinarme y comerme a mí", saltando al fuego. Los dioses se conmovieron y le premiaron con la vida eterna en el palacio de la luna. Así nació el conejo de jade, que vive acompañando a la diosa que habita el palacio en su compañía.

La atacamita

(leyenda chilena)

Existió un sabio indígena que luchó contra el dios oro, venciéndolo. Éste, al saberse derrotado por el indígena, reconoció su valor durante el combate y le ofreció que eligiera una de tres minas: dos de oro y una simple mina de cobre. El indígena reflexionó y pensó que quedarse con alguna de las minas de oro resultaría egoísta y una traición a su pueblo, al cual podría ayudar si aceptaba la de cobre. El dios pidió que arrojara una lanza lo más lejos posible en dirección al lugar donde quisiera que se construyera la mina. Él arrojó la lanza y el dios cumplió su promesa: con un simple movimiento construyó la mina al aire libre.

La turquesa

Era una mágica noche de luna durante la cual los miembros de las tribus cantaban y danzaban para festejar la llegada de la temporada de lluvias. Era tanta su alegría que lloraron llevados por el sentimiento. Sus lágrimas se mezclaron con el agua de lluvia, el torrente de agua dulce y salada fue absorbido por la madre tierra y cuando el agua se secó, las lágrimas se convirtieron en turquesas.

La turquesa
(leyenda chilena)

En los llanos en Castilla hay dos cerros llamados Diablo Chico y Diablo Grande, en los cuales, en una época del año, el desierto florea desplegando un jardín silvestre. Éste era el hogar de Turquesa, una niña que vivía con su familia, correteando entre añañucas y las patas de los guanacos, recogiendo flores. Avanzaba pese a la niebla matinal que buscaba impedir su paso intentando protegerla. Turquesa nunca subía a los cerros, pero un día su rebaño de cabras la obligó a subir.

Cuando la niebla matinal se disipó, su rebaño se encontraba bajo los cerros esperando el descenso de Turquesa, quien nunca apareció. Las lágrimas de Turquesa quedaron impregnadas en la roca de los cerros y la niña turquesa yace petrificada en cada fragmento de la roca excavada, brindando su belleza a quien la mira.

El topacio amarillo

Un mendigo que había perdido el amor a la vida y buscaba un lugar para morir, se encontró con un anciano.

—¿Qué te ocurre? —preguntó el anciano.

El mendigo narró sus desventuras.

—No puedo cambiar tu realidad ni tu dolor, no poseo alimentos para ofrecerte. He viajado desde tierras lejanas con tesoros que regalé a los necesitados. Ayer entregué mi última vaca a una familia en la que falta el padre, pues murió. Necesitaban leche para los niños; tú ¿estás más necesitado? —inquirió el anciano.

Al escuchar el relato, el mendigo contestó:

—¡Pensé que a nadie le interesaría mi sufrimiento, sin darme cuenta de que hay seres que sufren más que yo! Al regalar la vaca no sólo los ayudaste a ellos, me has devuelto la fe en la humanidad.

El anciano se trasformó en joven y exclamó:

—¡Te has ganado la más preciada de mis pertenencias: el mágico topacio amarillo! Desde hoy nada te faltará. Cuando sientas que lo posees todo, regálalo todo a quien más lo necesite. Así nunca perderás la humildad ni la bondad.

El anciano fue desapareciendo, diciendo al mismo tiempo:

—Que tu corazón nunca vuelva a perder la fe en la humanidad, éste es tu premio a la bondad y a la humildad.

La alejandrita
(leyenda rusa)

Se buscaba el regalo perfecto para el cumpleaños del zar de Rusia. Por accidente, en 1834 Niles Gustaf Nordenskjold descubrió el mineral alejandrita en las minas de esmeralda cerca del río Tokovaya, en los Montes Urales. Inicialmente se le confundió con la esmeralda y, según la leyenda, el nombre le fue asignado por el mismo zar, quien la utilizaba como amuleto. De hecho, este cristal se convirtió en un amuleto consentido de la monarquía rusa. Al verla por primera vez, el zar opinó que su colorido representaba de modo natural a su bandera. Por ello, rápidamente se convirtió en símbolo de suerte y de realeza.

El lapislázuli
(leyenda sumeria)

Cuando los sumerios conformaban una civilización moderna, creían que del cielo se había desprendido una parte del firmamento, el cual había caído a la tierra. Al ver un pedazo del firmamento sobre la tierra, la llamaron la piedra de las piedras, considerándola como el regalo sagrado otorgado por el firmamento mismo. Por consiguiente, rindieron culto a este maravilloso regalo, al que llamaron lapislázuli.

La amatista
(leyenda griega)

Se cuenta que existía una ninfa muy hermosa de nombre Ametis. Una noche, durante una fiesta, Ametis despertó los bajos instintos de Dionisios. Cuando éste estaba a punto de violarla, Ametis suplicó a la diosa Artemisa que la salvara. Artemisa escuchó su plegaria y, para protegerla de Dionisios, la convirtió en un hermoso cristal de color morado. De esta forma Ametis quedó inmaculada sin caer presa del obsesivo deseo de Dionisios y conservó por siempre la forma de este hermoso cristal.

El granate

Cuenta una leyenda que Santa Claus usó una lámpara de granate buscando producir la luz necesaria para iluminar la oscura noche mientras entregaba regalos a los niños. Otra dice que cuando dos seres se aman y deben separarse, es

conveniente que intercambien granates previamente cargados con la energía y el amor de cada
uno. Ese amor que representan hará que el cristal
parezca hablarle a su pareja, asegurando que, a
pesar de la separación, los amantes volverán
a encontrarse.

La okenita

Un copo de nieve que se resistía a desaparecer, escuchó que existían cristales. El copo de nieve no
sabía qué quería decir eso, pero a cada ser que
encontraba le preguntaba si sabía cómo ser inmortal.

Un día una voz le habló. Era el viento:

—¿Quieres ser inmortal? ¿Quieres convertirte
en cristal?

—Sí, en tu trayecto transpórtame a algún
lugar donde pueda empezar a ser eterno.

El viento cumplió su palabra llevándole a lo
alto de la montaña. El copo de nieve observó un
paisaje cálido.

—¡Viento, me has engañado! —exclamó.

—Espera —respondió el viento.

El copo de nieve comenzaba a deshelarse,
cuando escuchó una voz que le decía:

—¿Eres tú quien me solicita?

—¡Soy yo! —contestó el copo.

—¿Por qué quieres dejar de ser lo que eres?
—preguntó la voz.

—Quiero mirar el sol sin temor, necesito tiempo.

—¿Es lo que anhelas? —retumbó la voz.

El copo de nieve se volvía más pequeño...

—¡Quiero tener tiempo para mirar desde otra perspectiva!

—Si ofreces un servicio a todo ser vivo, te ayudaré. No sabrás qué forma tendrás y no podrás volver a ser nieve.

El copo aceptó y comenzó a sentirse más pesado y a brillar con blanco resplandor.

—Oh, señor, dime, ¿qué cristal soy, cuál es mi misión?

—Eres una okenita y tienes que ayudar a depurar el alma de los seres que cargan dolor.

El larimar
(leyenda dominicana)

Ola quería explorar la tierra, era infeliz por no poder viajar. Quería escapar, saber qué existía más allá de la playa. ¡Era imposible! Ola habló con el cielo solicitando permiso para descubrir lo que tanto anhelaba.

—¡Es imposible que viajes más allá! —le respondió—. Puedo convertirte en lluvia para que viajes por los cielos...

—No quiero ser lluvia —interrumpió Ola—. Quiero rodar y recorrer el terreno con mi cuerpo.

—Tú eres un líquido, no tienes cuerpo.

—Regálame un cuerpo —reclamó Ola— para que pueda descubrir el mundo, sentirlo y vivirlo.

—Está bien, te ayudaré, pero nunca más podrás volver al mar —advirtió el cielo.

Ola aceptó.

—La próxima vez que toques la playa —explicó el cielo—, corre con mayor fuerza. No regreses al mar, quédate en la arena.

—¡Entonces moriré! —gritó Ola.

—No temas, yo me encargaré de que el sol te seque y cristalice. Así vivirás de color azul y blanco cual ola que eres, pero ahora tendrás cuerpo para rodar y recorrer la tierra. Desde hoy serás un larimar.

La ola logró su sueño y, según la leyenda, el larimar, al amar tanto la playa de la que surgió, decidió no recorrer más mundo y quedarse a vivir por siempre en su amado Santo Domingo.

La pirita

Un avaro ogro explotaba a los gnomos, hasta que un día éstos decidieron darle una lección. El ogro envió a los gnomos a la mina en búsqueda de oro.

Los gnomos extrajeron una gran cantidad del preciado mineral. Al volver al castillo, mientras el ogro pesaba su oro, un gnomo le preguntó:

—¿Cuánto quieres a tu oro?

—Más que a mi alimento —vociferó el ogro.

—¿Cuánto quieres a tu oro? —volvió a preguntar el gnomo.

—Más que a mi cabello.

Los gnomos, atónitos ante las respuestas del ogro, insistieron:

—¿Cuánto quieres a tu oro?

—¡Más que a mi existencia! —gritó el ogro.

Al decir esto, uno de los gnomos corrió, sacó sus polvos mágicos y exclamó:

—Eres cruel y avaro, ahora he aquí tu castigo.

Tras estas palabras, su oro desapareció, dejando tras de sí rocas de pirita. El ogro intentó salvar una parte, pero, al tocar una pepita de oro, él mismo quedó convertido en una piedra de pirita.

La turmalina sandía

Un translúcido cristal de la familia de las turmalinas vivía triste por no tener el color de sus hermanas las turmalinas verdes, de sus primas las turmalinas rosas o de sus padres, las turmalinas negras.

Ella, Acrolita, no comprendía por qué era diferente a todas, por qué carecía de color alguno. Intentaba pintarse de colores y se sentía frustrada, pues el color se resbalaba de su cristalino cuerpo.

Un día, tras la lluvia, vio salir un arco iris, lo observó y en ese instante exclamó:

—¡Amaría tener ese color!

El arco iris la escuchó y preguntó:

—¿Por qué estás inconforme con tu ser? Eres tan hermosa...

—Todas las demás tienen colores, excepto yo —explicó la incolora turmalina—, mientras que tú, arco iris, eres tan hermoso que me encantaría tener tan sólo dos de tus colores.

Como precio a su bondad, el arco iris le concedió su deseo a cambio de que la turmalina brindara algún servicio a la humanidad. Entonces, la tocó con su luz y le regaló dos intensos colores, verde y morado, dando origen a la turmalina sandía.

La apofilita
(leyenda india)

Una niña india se sentía devastada por no encontrar a su perro. Sus padres no se atrevían a decirle que por su pobreza habían dejado de alimentarlo para darle comida a su hija. Ella, creyendo que se había perdido, salía a buscarlo. Una noche encontró a la luna y ésta le habló:

—¿No me vas a preguntar a mí? ¡Yo sé dónde se encuentra!

La niña la miró y le contestó:

—Estás muy lejos ¿cómo puedes saberlo?

—Veo lo que ocurre en tu corazón —respondió la luna— y puedo llevarte con él.

La niña sonrió y, al descender la luna, se montó en ésta, que viajó hasta el cielo.

—Querida niña, debo regresar. Hace días que no ven la noche. Has visto a tu perrito y sabes que está feliz. ¿Quieres volver o quedarte con él?

La niña decidió volver y antes de despedirse, la luna le dijo:

—Tu perrito me pidió que te diera un regalo que te ayude a eliminar el dolor que ahora sientes, que guíe tu vida con sabiduría y humildad, y no permita que te sientas triste, un preciado objeto.

La luna no sabía qué hacer: no tenía tiempo ni dinero para el regalo, sabía que debía ofrecer algo muy puro pero no poseía nada para regalar.

—Ya me has dado un regalo —exclamó la niña.

—En mi ignorancia creí que necesitabas un hermoso regalo y descubrí que el mejor que puedo darte es mi corazón.

Entonces, la luna se arrancó una parte de su corazón blanco y brillante que al desprenderse se convirtió, al contacto con las manos de la niña, en una hermosa apofilita.

La selenita

Hace mucho tiempo, en una época en que los humanos habían evolucionado y eran más nobles y respetuosos los unos con los otros, tras haber comprendido que sólo la fraternidad lograría el bienestar general, todos los países decidieron terminar con la guerra. La luna, al descubrir esta evolución, decidió ofrecerles un regalo por su bondad interior. Creó unos cristales blancos relucientes que les sirvieran para que la luz de sus acciones bondadosas no fuera olvidada.

Siempre que se mirara una selenita, se comprendería que la bondad está en el corazón de la humanidad.

Despedida

La amatista acudió en mi ayuda y sanó mi alma, alejando el dolor, el odio y el desamor. Fue el principio que marcó mi evolución espiritual. Anhelo que cada ser humano pueda sanar con mi amada amiga amatista, o mediante cualquier otro ser cristalino. Si tú lo haces desde el corazón y con fines elevados, jamás serás defraudado.

Espero que hayas disfrutado la lectura de este libro y agradezco infinitamente tu interés por estos hermanos de cristal.

Todo mi amor, tu fiel hermano Saint Germain.